Talk 脱口说汉语
Chinese
Series

主编／李淑娟
英文改稿／Eric Abrahamsen

交际口语

Communicative
Talk

华语教学出版社
SINOLINGUA

First Edition　2006

ISBN 7-80200-226-5
Copyright 2006 by Sinolingua
Published by Sinolingua
24 Baiwanzhuang Road,Beijing 100037,China
Tel:(86)10-68995871
Fax:(86)10-68326333
E-mail:fxb@sinolingua. com. cn
Printed by Beijing Foreign Languages Printing House
Distributed by China International
Book Trading Corporation
35 Chegongzhuang Xilu,P. O. Box 399
Beijing 100044,China

Printed in the People's Republic of China

Preface

After months of arduous writing, this spoken Chinese learning series *Talk Chinese*, a crystallization of many teachers' hard work, has finally hit the road. As Chinese keeps warming up in today's world, the publication of such a series will no doubt arouse another heat in learning Chinese. Along with the rapid development of the Chinese economy, more and more people have realized the importance and necessity of the Chinese language in communications between people, which not only reflect in economy and trade, but mainly in our daily lives, work and study. Today, China has caught the eyes of the world. The number of people who invest, work, travel and study in China is constantly increasing. Therefore, to learn Chinese, especially colloquial Chinese well, has naturally become an urgent need for these people. In view of no such complete series of teaching spoken Chinese in the market at present, and to meet the demands of the market in learning Chinese, especially spoken Chinese, we have spent a lot of energy on planning and compiling this series to meet the needs of readers.

Talk Chinese is the first series on practical colloquial Chinese compiled and developed based on the theory of "Practical Communicative Functions". It covers ten themes on social communication, life, travel, sports, leisure, shopping, emergency, campus, office, and IT and network. By imitating real life scenes of various situations, authentic, lively and practical oral expressions are revealed to allow learners to experience the charm of the Chinese language through lively, interesting and humorous situational conversations, and learn the most commonly used colloquial words, phrases, slangs, customary usages, everyday expressions and sentences. In another word, this is a very useful and practical encyclopedia on speaking Chinese. As long as one masters the contents of this series, one can respond fluently with the knowledge and oral expressions learned in whatever situations.

The characteristic of this series lies in its authentic, practical language expression, stresses on colloquialism, liveliness, and modernization of language. It selects high frequency words and the most vivid and authentic oral expressions used in daily life, work and study. One of my American friends who can speak perfect Chinese said to me after reading this series, "Very good. I think some expressions in the books are really typical, which I can't learn from other places. " This shows that this series has made a breakthrough in Chinese learning materials, and achieved our original intention——that is to introduce the most typical, practical colloquial expressions to our friends who love Chinese, and allow them to use these expressions as soon as they learn them.

Besides, we've also included a "related expressions" by listing more expressions and words related to the themes in order to make it convenient for learners to expand their language competency and enlarge their vocabularies.

In addition, to better help learners to know Chinese and the Chinese culture, we've set up a column of "Language and Cultural Tips" with the intention to introduce some common usage and grammatical knowledge, common mistakes and point out words and expressions that are easily confused, as well as tips on cultural background of the language. Our goal is not only to help learners learn Chinese expressions, but also get to know the cultural connotations and language knowledge.

We know that learning and practicing is linked together. One can't reach the goal of learning without practicing, so at the back of each unit we've put together some exercises, emphasizing on listening and speaking to assist learners in mastering what they have learned through practice.

I think everyone has his/her own ways of learning. As the saying goes, "Every major road leads to Rome." We believe that as long as one tries hard, one can learn Chinese well no matter which ways and methods they adopt. We sincerely hope this series will be of some help in raising your real ability of speaking in Chinese.

We often say "Reading enriches the mind" to encourage people to read widely. Today, we use this phrase to invite you walk into this series, where you will discover there are so many interesting words and sentences you have yet to learn. What are you waiting for? Come on, let's get started!

Chief compiler: Li Shujuan

前　　言

　　在经过了数月艰苦的笔耕之后,这套凝聚着众多老师心血的《脱口说汉语》大型汉语口语系列图书终于与大家见面了。在汉语不断升温的今天,这套系列图书的出版无疑将掀起汉语学习的又一个热潮。随着中国经济的迅猛发展,越来越多的人意识到汉语在人与人之间的交流与沟通上的重要性和必要性,这不仅仅体现在经贸方面,更主要的是体现在每日生活、工作和学习上。今天的中国已经成为世人注目的焦点,来华投资、工作、旅游、学习的人在不断扩大。学好汉语,特别是口语,自然成为这个群体的迫切要求,鉴于目前市场上尚无如此全面的学习汉语口语的系列图书,为了满足人们学习汉语,特别是汉语口语的需求,我们精心策划并编写了这套系列图书,以飨读者。

　　《脱口说汉语》是国内第一套以“实用交际功能”为理念开发编写而成的汉语口语实用系列,内容涵盖社交、生活、旅游、运动、休闲、购物、应急、校园、职场、IT网络十大主题。通过模拟发生在真实生活中各种各样的场景,再现地道、鲜活、实用的口语表达形式,让学习者从一个个生动、有趣、幽默的情景对话中体味汉语的魅力,学习掌握最常见、最口语化的词汇、短语、俚语、惯用语、常用语和常用句。可以说,这是一套实用性极强的口语小百科。只要掌握了这套系列的内容,无论面对什么场合,都能运用所学的知识和口语对答如流。

　　这套系列图书的特点在于语言表达地道、实用,突出语言的口语化、生活化和时代化。书中所收录的都是生活、工作和学习中所

V

使用的高频词和最生动、活泼、地道的口语。我的一个中文讲得非常好的美国朋友在看过我这套系列图书之后说:"很好,我觉得里面的一些说法特别地道,在别的地方学不到。"它表明这套系列图书,在汉语学习教材的编写上还是具有一定突破性的,也达到了我们编写的初衷,那就是要将汉语最精彩、实用的口语介绍给热爱汉语的朋友。让他们学了就能用,而且是活学活用。

此外,我们还另设有一个"相关用语",把更多与主题相关的词句列出,目的是方便学习者拓展语言能力,扩大词汇量。

另外,为了更好地帮助学习者了解汉语和中国文化,我们特别开辟了一个"语言文化小贴士"栏目,向学习者介绍一些语言的使用和文法知识、词语在使用中常见的错误和易混的地方,以及语言的文化背景小提示,让学习者不仅学会汉语的表达,也了解其背后的文化内涵和语言知识。

我们知道,学与练是密不可分的,学而不练则达不到学的目的,所以在每个单元之后都有几个小练习,重点放在听说上,让学习者通过练习掌握所学知识。

我想每个人都有各自的学习方法,俗话说,"条条大路通罗马。"我们相信,只要努力,无论采取什么形式,都能学好汉语。我们衷心地希望这套系列图书能对学习者提高汉语口语的实际表达能力有所裨益。

我们常用"开卷有益"来鼓励人们去博览群书。今天我们用"开卷有益"邀你走进这套系列图书,你会发现这里有太多有趣的词语和句子是你从没有学到过的。还等什么? 赶快行动吧!

主编:李淑娟

目　　录

VIII

Introduction

Part 1 Learn Pinyin My Way

Chinese *Pinyin* is not difficult to learn. It mainly includes three parts: initials, finals and tones. In this chapter you'll be introduced to some basic knowledge of *Pinyin*, how to pronounce them, the differences between *Pinyin* and the English phonetics, and ways to remember them, so that you can read *Pinyin* easily and pronounce them in the later parts of the book. This will help you to study Chinese along with the audios by yourself.

1. Initials

There are 23 initials in Chinese *Pinyin*. Many of them have similar sounds to the English consonants. Please look at Table 1 and compare them with the English version.

Table 1   Chinese initials

Chinese letter	Sound	English word
b	p	as "b" in "book"
p	p'	as "p" in "poor"
m	m	as "m" in "more"
f	f	as "f" in "four"

d	t	as "d" in "dog"
t	t'	as "t" in "text"
n	n	as "n" in "net"
l	l	as "l" in "learn"
g	k	as "g" in "green"
k	k'	as "k" in "kit"
h	x	as "h" in "her"
j	tɕ	as "j" in "jeep"
q	tɕ'	as "ch" in "cheese"
x	ɕ	as "sh" in "shit"
z	ts	as "ds" in "sounds"
c	ts'	as "ts" in "lots"
s	s	as "s" in "sum"
zh	tʂ	as "j" in "journey"
ch	tʂ'	as "ch" in "church"
sh	ʂ	as "sh" in "shirt"
r	ʐ	as "r" in "red"
w	w	as "w" in "woman"
y	j	as "y" in "you"

2. Finals

There are 35 finals in Chinese *Pinyin*. To be more specific, there are six single finals and 29 compound finals. The six single finals are: a, o, e, i, u, and ü. Under each final there are several compound finals. The key to remember them, is to remember the six single finals first, then remember the compound finals of each final as a group. There is a rule in doing it. Look at Table 2 and compare them with the English version.

Table 2　Chinese Finals

Chinese letter	Sound	English word
a	A	as "ar" in "car"
ai	ai	I
an	ɑn	as "an" in "ant"
ang	ɑŋ	as "ong" in "long"
ao	ɑu	as "ou" in "out"
o	o	as "a" in "water"
ou	ou	oh
ong	uŋ	as "one" in "gone"
e	ɤ	as "ir" in "bird"
ei	ei	as "ay" in "may"
en	ən	as "en" in "end"
eng	əŋ	as"eng"in "beng"
er	ər	as "er" in "traveler"
i	i	as "ea" in "tea"
ia	iA	yah
iao	iɑu	as "yo" in "yoga"
ie	ie	as "ye" in "yes"
in	in	as "in" in "inside"
iu	iou	you
ian	iɛn	Ian
iang	iɑŋ	young
ing	iəŋ	as "ing" in "going"
iong	yuŋ	as "one" in "alone"
u	u	woo
ua	uA	as "wa" in "watt"
ui	uei	as "wee" in "sweet"
un	uən	won

交际口语

uo	uo	as "wha" in "what"
uai	uai	why
uan	uan	when
uang	uaŋ	as "wan" in "want"
ü	y	
üe	ye	
ün	yn	
üan	yɛn	

3. Tones

The Chinese Mandarin has four tones—the first tone "ˉ", the second tone "ˊ", the third tone "ˇ", and the fourth tone "ˋ". Different tones express different meanings. So it is important to master all four tones in order not to mislead others when you're speaking.

How does one practice the four tones is a common question. Here is one way to do it: Do you know how to sing songs? Yes, use that to help you. For example: ā, á, ǎ, à, the first tone "ā" is a high tone, so you should sing it high pitched as if you're saying the word "Hi"; the second tone goes from low to high as if you're saying the word "what?"; the third tone is like a valley, you can sing it as if saying the word "whoa"; and the fourth tone goes from high to low as if you're saying the word "Go!" Isn't it easy? Now let's practice the four tones.

ā	á	ǎ	à
ō	ó	ǒ	ò
ē	é	ě	è
ī	í	ǐ	ì
ū	ú	ǔ	ù
ǖ	ǘ	ǚ	ǜ

mā	má	mǎ	mà
妈	麻	马	骂
mother	hemp	horse	curse
wō	wó	wǒ	wò
窝		我	卧
nest		I	lie
gē	gé	gě	gè
哥	革	舸	个
brother	leather	barge	one unit of something (a measure word)
xī	xí	xǐ	xì
西	习	洗	细
west	study	wash	thin
hū	hú	hǔ	hù
呼	壶	虎	户
call	pot	tiger	household
jū	jú	jǔ	jù
居	局	举	句
reside	game	raise	sentence

Part 2   Learn Grammar My Way

As soon as the word grammar is mentioned, one may frown and sigh helplessly at the hardship of learning Chinese. As a matter of fact, learning Chinese grammar is not as difficult as learning the grammar of other languages. The most difficult thing to learn might be the characters or remembering the strokes and how to write them. Chinese grammar is much easier. In this chapter, you'll be introduced to some basic rules or structures of the Chinese grammar, so that you can learn them by heart as you continue on to the later part of the book. As we did in the previous chapter, let's compare the Chinese grammar with the English grammar or that of other languages if necessary, so that you can get a clearer picture of the Chinese grammar.

After comparing the English grammar with the Chinese, do you find it easier to learn? Those are the basic rules of Chinese grammar. You'll learn more complex sentences after mastering these simple ones. Actually, the English and Chinese grammars have a lot in common. So look out for them as you study. Hope you'll enjoy learning Chinese with the help of this book.

Introduction

汉语语法简介
A Sketch of Chinese Grammar

名　称 Term	汉　语 Chinese	英　语 English	对比说明 Explanation
动词谓语句 Sentences with verb as the predicate	我学习汉语。 我明天上午去你家。 他们在门口等你。 老师坐飞机来北京。	I study Chinese. I'll go to your home tomorrow. They are waiting for you at the gate. The teacher comes to Beijing by plane.	跟英语句式基本相同,但时间、地点、方式都放在动词前边。 Its sentence structure is similar to the English, but the word of time, place and manner is put before the verb.
形容词谓语句 Sentences with adjective as the predicate	哥哥很忙。 我妈妈身体很好。	My brother is very busy. My mother's health is very good.	汉语主语跟形容词谓语之间不用"是"动词。 In Chinese no verb "be" is used between the subject and adjective predicate.
名词谓语句 Sentences with noun as the predicate	今天星期六。 一年十二个月。 明天 20 号。 他 30 岁。 我新来的。	Today is Saturday. There are twelve months in a year. Tomorrow is the 20th. He is thirty years old. I'm new here.	主语和谓语之间,可以用"是"也可以不用。 但是用了"是"就不是名词谓语句了。 Verb "be" can either be used or not between the subject and the predicate. But if verb "be" is used, it is no longer an adjective predicate sentence.

名 称 Term	汉 语 Chinese	英 语 English	对比说明 Explanation
存现句 "There be" sentences	桌子上放着词典和书。 屋子里有人。 车上下来一个小孩儿。 墙上挂着一张画儿。	There are dictionaries and books on the table. There is someone in the room There is a child getting off the bus. There is a picture on the wall.	"地方"可以作主语。这里的动词是"存在"的意思。 "place" can be used as a subject. The verb here means "existence".
"把"字句 Sentences with "ba"	我把钥匙丢了。 他把钱花光了。 你把钱给他。 你把行李拿下来吧。 她把这些东西搬出去了。 孩子们把椅子搬到教室外边去了。	I lost my key. He spent all his money. Give your money to him. Please take down the luggage. She moved these things out. Children moved chairs outside the classroom.	1. 谓语动词一般是及物动词。 2. 宾语多是名词。 3. 宾语是说话双方都知道的。 4. 谓语动词不能单独出现，后边必须跟"了""宾语"或者"补语"等。 5. 主要用来回答"宾语怎么样了。 1. The predicate verb is usually a transitive verb. 2. The object is usually a noun. 3. The object is known by both sides of speakers. 4. The predicate verb cannot be used alone -it must be followed by "le", "object" or "complement" and so on. 5. It is mainly used to answer what happens to the object.

续表

名　称 Term	汉　语 Chinese	英　语 English	对比说明 Explanation
被动句 Passive sentences	我被老师批评了一顿。 姐姐被气哭了。 自行车叫弟弟骑坏了。 楼盖好了。 菜买回来了。 作业我写完了。	I was criticized by the teacher. My sister got so upset that she cried. The bicycle was broken by my younger brother. The building was completed. The vegetables were bought. My homework is done.	汉语的被动句可以分为两类:一类是有标志"被""叫""让"的,放在动词前边。另一类是无标志的,我们叫意念上的被动句。受事者放在主语位置上,谓语放在它的后边,结构跟主谓谓语句一样,但表示的是被动的意思。 The passive sentences in Mandarin can be divided into two categories: One is signaled with "bei", "jiao", and "rang" put before the verb. The other is not signaled, which we call an imaginative passive sentence. The receiver is put in the subject position, followed by the predicate. The structure is the same to the subject + predicate sentence, but it indicates a passive meaning.
"是……的"句 "shi…de" sentences	我是昨天坐飞机来北京的。 我是在商店买的这件衣服。 他是出差来的。	I came to Beijing by plane yesterday. I bought this coat in a store. He came here on business.	"是……的"句表示强调,强调"时间""方式""地点""目的"等。 The "shi…de" sentence indicates emphasis, stressing on the "time", "manner", "place", "purpose" etc.

名 称 Term	汉 语 Chinese	英 语 English	对比说明 Explanation
无主句 Sentences with-out a subject	下雨了。 刮风了。 上课了。	It's raining. Wind is blowing. It's time for class.	主语不需要出现时，可以不说出主语。 When a subject is not necessary, it is not used.
比较句 Comparative sentences	我跟你一样大。 哥哥比弟弟大两岁。 这双鞋比我的大一点儿。 他的口语比我的好得多。 妹妹比姐姐还（更）漂亮。 我儿子有桌子这么高。	I'm as old as you are. The elder brother is two years older than the younger one. These shoes are a little bigger than mine. His oral English is much better than mine. The younger sister is prettier than the elder one. My son is as tall as the table.	A 跟"gen" B 一样＋形容词 A 比 B＋形容词＋补充说明 只可以说"A 比 B 更（还）＋形容词" A 有 B＋形容词 A "gen" B "yiyang" (same) + adj. A "bi" B + adj. + additional explanation. A "bi" B "geng/hai" (more) + adj. A "you" (have) B + adj.

名　称 Term	汉　语 Chinese	英　语 English	对比说明 Explanation
反问句 Rhetorical questions	这不是你的笔吗?	Isn't this your pen?	"不是……吗?"用来对某事进行强调,意思是"这就是你的笔"。汉语的反问句中肯定句强调否定,否定句强调肯定。反问句的种类还有很多。 "bu shi…ma?" is used to stress sth. meaning "this IS your pen. " In Chinese the positive sentence in a rhetorical question stresses on negative, while a negative sentence stresses on positive. There are other types of rhetorical questions.
名词的数 Number of noun	一张桌子　三张桌子 一把椅子　六把椅子 一个学生　一百个学生	a table, three tables a chair, six chairs a student, a hundred students	汉语的名词没有单数、复数的变化。 In Chinese, the noun has no changes to singular and plural numbers.

名　称 Term	汉　语 Chinese	英　语 English	对比说明 Explanation
方位词 Direction and location words	东、南、西、 北、上、下、 前、后、左、 右、里、 外、内、中间、 旁…… 以东、以上、 以内、以外、 之前、之中、 之间、之内、 东边、左边、旁边、 上边、东面、 外面、下面、右面、东头、 里头、上头、前头等	east, south, west, north, up, down, front, back, left, right, inside, outside, in, middle, aside… eastward, above, within, beyond, before, among, between, within, eastern, left, side, above, east side, outside, below, right side, east end, inside, over, in front, etc.	汉语的方位词分单纯方位词和合成方位词。单纯方位词一般不能单独使用。合成方位词是由以～、之～、～边、～面、～头组合而成。 The direction and location words are divided into pure words and compound words. The pure words are usually not used alone. The compound words are composed of "yi-", "zhi-", "-bian", "-mian", and "-tou".
疑问词"谁""什么""哪儿"等的位置 Interrogative words of place "shui" (who), "shenme" (what), "na'r" (where) etc.	谁是老师? 你去哪儿? 这是谁的书? 你什么时候回家? 你们怎么回学校?	Who is the teacher? Where are you going? Whose book is this? When will you go home? How will you go back to school?	疑问词在问句中可以做主语、宾语、定语、状语。 Interrogative words can be used as the subject, predicate, attribute, and adverbial in a question.

名　称 Term	汉　语 Chinese	英　语 English	对比说明 Explanation
数量词 Measure words (or Quantifi- ers)	我买了三本书。 他买了五辆自行车。 浴室里挂着两面镜子。	I bought three books. He bought five bicycles. Two mirrors are hung in the bathroom.	汉语的量词非常丰富，数词和名词之间必须要有一个量词。 There are plenty of measure words or quan-tifiers in Chinese. There must be a measure word between numerals and nouns.
动词 Verbs	看——看看，看一下，看 一看，再看了看 学习——学习学习，学习 一下，学习了学习	look, have a look, look at study, learn	汉语的动词可以重叠使用。 Verbs in Chinese can be duplicated.
"了" "le"	昨天下午，我参观了历史博物馆。 我把这本小说看完了。 他坐起来下床穿上鞋走了出去。 我不去看电影了。	I visited the Historical Museum yesterday after-noon. I've finished reading the novel. He sat up, put on his shoes, got off the bed, and went out. I won't go to the movie.	"了"放在动词或着句子后边表示： 1. 在一个具体的时间，这个动作完成了。 2. 这件事情完成了。 3. 在连续的几个动作发生时，"了"放在最后一个动词后边。 4. "了"表示事情发生了变化。 The word "le" following a verb or a sen-tence indicates: 1. The action is completed within a specific time. 2. This thing has been done. 3. When a series of actions are taking place, "le" is put behind the last verb. 4. "le" indicates something has changed.

名 称 Term	汉 语 Chinese	英 语 English	对比说明 Explanation
"着" "zhe"	他在椅子上坐着。 他穿着中式衣服。 床上躺着一个小孩子。	He is sitting on a chair. He is wearing Chinese-style clothes. A child is lying on the bed.	"着"放在动词后边表示: 处于持续状态的动作或者样子。 The word "zhe" following a verb indicates it is in a state of continuous actions or mode.
"过" "guo"	我学过汉语。 我去过上海。 他没来过这儿。	I have studied Chinese. I have been to Shanghai. He hasn't been here.	"过"用在动词后表示: 强调某种动作曾经发生过或者强调某种经历。 The word "guo" following a verb indicates a certain action has happened or a certain experience is being stressed.
正在…… ……呢 正……呢 在……呢 正在……呢 zheng zai… …ne zheng…ne zai… ne zheng zai…ne	现在他正在吃饭。 我吃饭呢,不去送你了。 他没时间,他正开会呢。 他没出去,他在睡觉呢。 我正在吃饭呢,你别问我了。	He is having his meal now. I'm having a meal so I won't see you off. He has no time because he's having a meeting. He is not out. He's sleeping. I'm having a meal. Please don't ask me.	"正在……、……呢、正……呢、在……呢、正在……呢"表示某个动作正在进行中。 "zheng zai…", "…ne", "zheng zai…ne", "zai…ne", and "zheng zai…ne"indicate an action is going on right now.

问　候
Unit 1 Greetings

1. 一般打招呼用语

必备用语
Key Expressions

Nǐ hǎo
⦿ 你好！
Hello. /Hi. /Good day!

情景对话
Situational Dialogues

Wáng　Tāo　Nǐ hǎo
王　涛：你好！
　　　　Hello. /Hi. /Good day!

Lín　dá　Nǐ hǎo
琳　达：你好！
　　　　Hello. /Hi. /Good day!

词　汇
Vocabulary

1. 你　nǐ / you
2. 好　hǎo / good

交际口语

语言文化小贴士
Language Tips

在汉语里还有一个字与"你"的意思相同,这就是"您"。在"你"字下多了一个"心",所以,这个字表达的是一种敬意。一般打招呼用"你"就可以了。但是如果你想表示对对方的尊敬,也可以用"您","您好"来表示。如今,在服务行业多用"您"来称呼顾客,表示一种尊重。商家都说顾客是上帝,就体现在这儿了。

In Chinese there is another word which has the same meaning as "你"(nǐ): that is "您"(nín). As you can see, under the word "你"(nǐ), the word "心"(xīn), meaning "heart," is added. So this word "您"(nín) is used to express one's respect when greeting others. If you want to be more polite or express respect for your listener, you can use "xīn"or "nín hǎo". To-day, the word "xīn" is often used by shopkeepers to

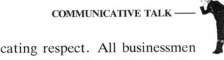

address customers，indicating respect. All businessmen say that they treat customers like God，and that is fully reflected in this term.

2. 与时间有关的招呼用语

必备用语
Key Expressions

Zǎo shang hǎo
● 早 上 好。
Good morning.

Xià wǔ hǎo
● 下午好。
Good afternoon.

Wǎn shang hǎo
● 晚 上 好。
Good evening.

情景对话
Situational Dialogues

1.

Āi lǐ kè   Zǎo shang hǎo
埃里克：早 上 好。
　　　　Good morning.

Lǐ   Shā Zǎo shang hǎo
李　莎：早 上 好。
　　　　Good morning.

交际口语

2.

Āi lǐ kè　Xià wǔ hǎo
埃里克：下午好。

Good afternoon.

Lǐ　Shā　Xià wǔ hǎo
李　莎：下午好。

Good afternoon.

3.

Āi lǐ kè　Wǎn shang hǎo
埃里克：晚 上 好。

Good evening.

Lǐ　Shā　Wǎn shang hǎo
李　莎：晚 上 好。

Good evening.

词　汇
Vocabulary

1. 早上　zǎoshang /morning
2. 下午　xiàwǔ /afternoon
3. 晚上　wǎnshang /evening

语言文化小贴士
Language Tips

　　在口语表达中，有些词可以省略，如"早上好"可以省略后两个字，见面时只说"早"，相当于英文的"Morning"。但要注意，"下午好"和"晚上好"的后两个字不能省略。

　　In spoken Chinese, some words can be omitted, such as the last two words of "早上好"（zǎoshang hǎo）. You can just say "早"（zǎo）instead, similar to saying "Morning" in English. But note that the last two words of "下午好"（xiàwǔ hǎo）and "晚上好"（wǎnshang hǎo）can not be omitted.

3. 初次见面的招呼用语

必备用语
Key Expressions

Nǐ hǎo
◉ 你好!
How do you do!

Hěn gāo xìng rèn shi nǐ
◉ 很高兴认识你。
Nice to meet you.

情景对话
Situational Dialogues

Wáng Tāo Nǐ hǎo
王　涛：你好!
　　　　How do you do!

Āi lǐ kè Nǐ hǎo
埃里克：你好!
　　　　How do you do!

Wáng Tāo Hěn gāo xìng rèn shi nǐ
王　涛：很高兴认识你。
　　　　Nice to meet you.

Āi lǐ kè Wǒ yě hěn gāo xìng rèn shi nǐ
埃里克：我也很高兴认识你。
　　　　Nice to meet you, too.

交际口语

词　汇
Vocabulary

1. 很　hěn /very
2. 高兴　gāoxìng /glad
3. 认识　rènshi /meet
4. 也　yě / too

语言文化小贴士
Language Tips

　　在"很高兴认识你。"中省略了主语"我"。对方回答时用了"也",表示同样的心情。注意"也"字的用法,一般用在动词或形容词的前面。

　　In the sentence "很高兴认识你", the subject "我"（wǒ）meaning "I" is omitted. In reply, the speaker uses "也"（yě）to express his/her same feeling. Be aware of the usage of "也"（yě）, it is usually put before the verb or the adjective, for example:

　　例如:1. 你学习汉语,我也学习汉语。
　　　　　You study Chinese. I study Chinese, too.
　　　　2. 你好,我也好。
　　　　　You're good. I'm good, too.

4. 熟人见面的招呼用语

必备用语
Key Expressions

Nǐ hǎo ma
● 你好吗?

How are you?

◉ Jiàn dào nǐ hěn gāo xìng
见 到 你 很 高 兴。
Nice to see you.

◉ Nǐ jìn lái guò de zěn yàng
你 近 来 过 得 怎 样?
How have you been?

◉ Máng ma
忙 吗?
Busy?

◉ Hái hǎo
还 好。
Good.

◉ Tǐng hǎo
挺 好。
Pretty good.

◉ Mǎ mǎ hū hū
马 马 虎 虎。
Just so-so.

情景对话
Situational Dialogues

1.

(In a meeting room, Wang Tao is greeting an acquaintance.)

Wáng Tāo   Āi yō   Lǎo Wáng   nǐ hǎo ma
王 涛:哎 哟,老 王,你 好 吗?

交际口语

Hi, Lao Wang. How are you?

Lǎo Wáng Hěn hǎo xiè xie
老 王：很好，谢谢。

Fine, thank you.

Wáng Tāo Jiàn dào nǐ hěn gāo xìng
王 涛：见到你很高兴。

Nice to see you.

Lǎo Wáng Wǒ yě shì
老 王：我也是。

Nice to see you, too.

2.

(In a supermarket, Eric runs into Li Dong, his old friend.)

Āi lǐ kè Āi yō zhè bú shi Xiǎo Lǐ ma
埃里克：哎哟，这不是小李吗？

Hey, are you Xiao Li?

Lǐ Dōng Āi lǐ kè zhè me qiǎo zài zhèr pèng shang nǐ le
李 冬：埃里克，这么巧，在这儿碰上你了。

Eric, what a coincidence bumping into you here.

Āi lǐ kè Shì a hǎo jiǔ méi jiàn le
埃里克：是啊，好久没见了。

Well, long time no see.

Lǐ Dōng Ng yǒu hěn cháng shí jiān méi jiàn le
李 冬：嗯，有很长时间没见了。

Yeah, we haven't seen each other for long time.

Āi Lǐ Kè Nǐ jìn lái guò de zěn yàng
埃里克：你近来过得怎样？

How have you been?

Lǐ Dōng Hái hǎo Nǐ ne
李 冬：还好！你呢？

Good. How about you?

Āi lǐ kè　　Hāi mǎ mǎ hū hū
埃里克：咳，马马虎虎。

　　　　Well，just so-so.

3.

（In the dining hall，Zhou Qianqian meets her colleague Guo Dachuan.）

Zhōu Qiànqiàn　Dà Guō　jìn lái rú hé　　Máng ma
周 茜 茜：大郭，近来如何？ 忙 吗？

　　　　How is it going，Big Guo? Busy?

Guō Dà chuān　Máng sǐ le　　Zhěng tiān jiā bān　　Nǐ máng ma
郭大川：忙死了。整天加班。你忙吗？

　　　　Extremely busy. Work extra hours every
　　　　day. Are you busy?

Zhōu Qiànqiàn　Bù máng　　Nǐ fū rén hǎo ma
周 茜 茜：不忙。你夫人好吗？

　　　　No. How's your wife?

Guō Dà chuān　Tǐng hǎo　xiè xie
郭大川：挺好，谢谢。

　　　　Pretty good，thanks.

词　汇
Vocabulary

对话 1

1. 很好　hěn hǎo / thanks

2. 谢谢　xièxie /glad

3. 见，见到　jiàn, jiàn dào /see

4. 也　yě / too

对话 2

1. 巧　qiǎo /coincidence

交际口语

2. 碰上　pèng shang /bump into, run into
3. 好久　hǎo jiǔ /long time
4. 长　cháng / long
5. 时间　shíjiān / time
6. 近来　jìnlái / recently, lately
7. 过得　guò de / live
8. 怎样,如何　zěnyàng, rúhé / how
9. 马马虎虎　mǎmǎhūhū / just so-so.

对话 3

1. 忙　máng / busy
2. 夫人　fūrén/ wife

相关用语
Relevant Expressions

tài tai
● 太太
wife

qī zi
● 妻子
wife

ai ren
● 爱人
wife

zhàng fu
● 丈夫
husband

lǎo gōng
● 老公

husband

◉ hái zi
孩子
child

◉ fù mǔ
父母
parents

◉ bú cuò
不错
not bad

◉ hái kě yǐ
还可以
It's OK.

◉ yǒu rì zi méi jiàn le
有日子没见了
haven't seen for a long time

◉ còu he
凑合
SO-SO

◉ hěn hǎo
很好
great

语言文化小贴士
Language Tips

1. "你好吗?"与"你好!"不同,前者是疑问句,需要回答,而后者是陈述句,不需要回答。前者回答时有多种选择,如"很好,好,不错,还好,挺好,马马虎虎,不好,凑合"等等,而后者一般重复对方的话就可以了。

"你好吗?"(nǐ hǎo ma)is different from "你好!". The former is a question which needs a reply,while the latter is a simple statement of greeting. There are many ways to answer"你好吗?"such as "很好(hěn hǎo),好(hǎo),不错(bú cuò),还好(hái hǎo),挺好(tǐng hǎo),马马虎虎(mǎmǎhūhū),不好(bù hǎo),凑合(còuhe)" and so on,while"你好!"can be answered by simply repeating 你好.

2.中国人对夫妻双方的称呼有很多,正式场合夫妻中的男方多用"太太"(tàitai)、"夫人"(fūrén)、"妻子"(qīzi)称呼女方,女方多用"先生"(xiānsheng)、"丈夫"(zhàngfu)称呼男方,生活口语中人们喜欢用"爱人"(àiren)相互称对方,或"老婆"(lǎopo)和"老公"(lǎogōng)相称。注意,这里的"爱人"(àiren)可以用来称夫妻中的任意一方,是中性词,而不是指情人。使用时千万要记住哟。

Chinese have many forms of address for husband and wife. In formal occasions,a man often uses "太太"(tàitai),"夫人"(fūrén),"妻子"(qīzi)to refer to his spouse,while a woman often calls her spouse "先生"(xiānsheng)or "丈夫"(zhàngfu). In spoken Chinese,couples like to use "爱人"(àiren),or "老婆"(lǎopo)and "老公"(lǎogōng)to address each other. But you should notice that "爱人"(àiren)can refer to either side of a couple. It doesn't mean lover here. Be aware of that when you use it.

3.中国人在称呼同事、朋友的时候,经常在对方的姓前加上"老"、"大"或"小"。对于年纪大的人,就在姓前加

"老",表示尊敬,如老周;对于年纪小的人,就用"小",如小周;对于年纪与说话人相当的人,通常用"大",如大周。此外,在年龄相近的时候,如果对方的姓名是三个字的时候,人们也喜欢直接称呼对方的名字,如周晓丹——晓丹。中国人的姓名是姓在前面,名在后面。

When addressing colleagues or friends Chinese people often put "老"（lǎo）"大"（dà）or "小"（xiǎo）in front of one's surname ."老" Can show respect when addressing an elder person，such as "Lǎo Zhōu"（Old Zhou）. For those younger than the speaker use "xiǎo"，such as "Xiǎo Zhōu"（Little Zhou）. For those at the same age as the speaker，use "da"，such as "Dà Zhōu"（Big Zhou）. Moreover，people of the same age，often use the last two words of a three‐word name，such as turning "周晓丹"（Zhōu Xiǎodān）into "晓丹"（Xiǎodān）. Chinese people put the surname before the given name.

练　习
Exercises

1. 看图说话,根据时钟显示的时间打招呼。Look and speak.（Choose a greeting according to the time.）

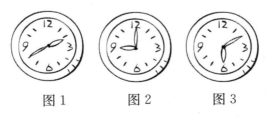

图1　　　　图2　　　　图3

2. 选择正确的句子完成对话。**Choose the right sentences to complete the mini dialogues.**

1) A：你好吗？

B：＿＿＿＿＿＿＿＿

A. 你好！　　　B. 你好吗？　　　C. 很好，谢谢。

2) A：见到你很高兴。

B：＿＿＿＿＿＿＿＿

A. 我也很高兴认识你。

B. 是啊，有很长时间没见了。

C. 我也是。

3) A：你近来过得怎样？

B：＿＿＿＿＿＿＿＿

A. 还好，你呢？

B. 忙死了，你忙吗？

C. 哎哟，好久没见了。

3. 根据英文，选择正确的中文意思。**Choose the right meaning in Chinese according to the English.**

1) meet

A. 认识　　　　B. 高兴　　　　C. 早上

2) you

A. 好　　　　　B. 你　　　　　C. 我

3) evening

A. 早上　　　　B. 晚上　　　　C. 下午

4) glad

A. 很好　　　　B. 不错　　　　C. 高兴

5) busy

A. 忙　　　　　B. 见　　　　　C. 好

6) see

A. 见到　　　　B. 近来　　　　C. 认识

28

7) how
   A. 如何   B. 这样   C. 挺好
8) Thanks
   A. 你好   B. 不忙   C. 谢谢
9) good
   A. 好   B. 错   C. 对
10) very
   A. 忙   B. 高兴   C. 非常

答案 Answers：

2.
1) C   2) C   3) A

3.
1) A   2) B   3) B   4) C   5) A   6) A   7) A   8)
C   9) A   10) C

介　绍
Unit 2 Introductions

1. 自我介绍

必备用语
Key Expressions

Nǐ jiào shén me míng zi
● 你叫什么名字?
What's your name?

Wǒ jiào
● 我叫……。
I'm….

Wǒ de míng zi jiào
● 我的名字叫……。
My name is….

Nǐ shì nǎ guó rén
● 你是哪国人?
Where are you from?

Wǒ shì
● 我是……。
I'm from….

情景对话
Situational Dialogues

1.

（Linda's parents come to China to see their daughter. Linda takes the opportunity to hold a party to invite her friends to come and play. At the party，everyone meets a lot of new friends.）

Yà dāng Nǐ hǎo Wǒ jiào Yà dāng Huá shèng dùn wǒ shì Měi guó
亚 当：你好！我叫亚当·华盛顿。我是美国
rén Nǐ jiào shén me míng zi
　　　人。你叫什么名字？

　　　I'm Adam Washington. I'm from America.
　　　What's your name?

Lín dá Wǒ de míng zi jiào Lín dá Qióng sī
琳 达：我的名字叫琳达·琼斯。

　　　My name is Linda Jones.

Yà dāng Nǐ shì nǎ guó rén
亚 当：你是哪国人？

　　　Where are you from?

Lín dá Wǒ shì Yīng guó rén
琳 达：我是英国人。

　　　I'm from Britain.

Yà dāng Hěn gāo xìng rèn shi nǐ
亚 当：很高兴认识你。

　　　Nice to meet you.

Lín dá Wǒ yě hěn gāo xìng rèn shi nǐ
琳 达：我也很高兴认识你。

　　　Nice to meet you，too.

2.

Āi lǐ kè Zì wǒ jiè shào yí xià Wǒ shì Āi lǐ kè Mó gēn
埃里克：自我介绍一下。我是埃里克·摩根。

交际口语

Let me introduce myself. I'm Eric Morgan.

Wáng Tāo　Nǐ hǎo　wǒ jiào Wáng Tāo
王　涛：你好，我叫王涛。

Hi. I'm Wang Tao.

Āi lǐ kè　Nǐ shì nǎ lǐ rén
埃里克：你是哪里人？

Where are you from?

Wáng Tāo　Wǒ shì Shàng hǎi rén　Nǐ ne
王　涛：我是上海人。你呢？

I'm from Shanghai. And you?

Āi lǐ kè　Wǒ shì Měi guó rén　dàn wǒ zài Běi jīng zhǎng dà
埃里克：我是美国人，但我在北京长大。

I'm an American, but I grew up in Beijing.

Wáng Tāo　Ò　zhēn de ma　Nán guài nǐ de Hàn yǔ shuō de zhè me hǎo
王　涛：哦，真的吗？难怪你的汉语说得这么好。

Oh, really? No wonder you speak Chinese so well.

3.

Ài dé huá　Nǐ hǎo　Nǐ jiào shén me míng zi
爱德华：你好！你叫什么名字？

How do you do! What's your name?

Wáng Huá　Nǐ hǎo　Wǒ shì Lín dá de péng you　Wáng Huá　Nǐ ne
王　华：你好！我是琳达的朋友，王华。你呢？

How do you do! I'm Mary's friend. Wang Hua.

Ài dé huá　Wǒ yě shì Lín dá de péng you　Wǒ jiào Ài dé huá　Lán bó
爱德华：我也是琳达的朋友。我叫爱德华·兰伯
　　　　tè
　　　　特。

I'm Mary's friend, too. My name is Edward Lambert

Wáng Huá   Nǐ shì Yīng guó rén ma
王　华：你是英国人吗？
　　　　Are you British?

Ài dé huá　Bú shì　 wǒ shì Jiā ná dà rén　　 Wǒ bà ba shì Yīng guó rén
爱德华：不是，我是加拿大人。我爸爸是英国人，
　　　　　mā ma shì Fǎ guó rén
　　　　　妈妈是法国人。
　　　　No. I'm Canadian. My father is British，and
　　　　my mother is French.

Wáng Huá   Nà me shuō， nǐ chū shēng zài Jiā ná dà le   duì ma
王　华：那么说，你出 生在加拿大了，对吗？
　　　　Well，you were born in Canada then. Is that
　　　　right?

Ài dé huá　Méi cuò   Nǐ shuō de hěn duì
爱德华：没错。你说得很对。
　　　　Yes. You're right.

词　汇
Vocabulary

对话1

我　　wǒ / I

叫　　jiào / call

名字　míngzi / name

哪国　nǎ guó / which country

人　　rén / person，people

美国人　Měiguórén / American

英国人　Yīngguórén / British，Englishman

对话2

自我介绍　zì wǒ jièshào / introduce oneself，self in-
　　　　troduction

交际口语

哪里　　nǎlǐ / where

长大　　zhǎngdà / grow up

难怪　　nánguài / no wonder

汉语　　Hànyǔ / Chinese

说　　shuō / speak，say

这么　　zhème / so

对话 3

朋友　　péngyou / friend

爸爸　　bàba / father

妈妈　　māma / mother

出生　　chūshēng / be born

加拿大　　Jiānádà / Canada

法国　　Fǎguó / France

相关用语
Relevant Expressions

fù qin
● 父亲
father

mǔ qin
● 母亲
mother

guì xìng
● 贵姓
name

nǎr
● 哪儿

where

● wǒ yě shì
我也是

Me，too.

语言文化小贴士
Language Tips

1. 在介绍自己时，最常用的句子是"我叫……"，也可以用"我是……"或"我的名字叫……"。

When introducing oneself，the most commonly used sentence is "Wǒ jiào …"，you can also say "Wǒ shì …"or "Wǒ de míngzi jiào …"

2. 还有一种询问对方姓名的客套方法。如：

There is another polite way to ask one's surname. For example：

A：您贵姓？

Nín guì xìng？（What's your surname?）

B：免贵姓王。

Miǎn guì xìng wáng．（My surname is Wang.）

A：哦，你好，王先生。

Ò，nǐ hǎo，Wáng xiānsheng．（Oh，how do you do，Mr. Wang.）

3. 在社交场合，当你想知道对方是哪个国家的人时，可以用"你是哪国人"问对方；当你知道对方是中国人，但想知道他/她是哪个地方（省、市）的人时，就要用"哪里"或"哪儿"，如：

In social communication，when you want to know which country someone comes from，you can ask him or her "你是哪国人"（nǐ shì nǎ guó rén）．If you know he or she is Chinese，but you would like to know which place（province or city）he or she comes from，you can use "哪里"（nǎlǐ）or "哪儿"（nǎr）， for example：

A：听你的口音不像北京人。你是哪儿的人？

Tīng nǐ de kǒuyīn bú xiàng Běijīng rén. Nǐ shì nǎr de rén？

（It sounds like you're not from Beijing by your accent. Where are you from?）

B：我是山东人。

Wǒ shì Shāndōng rén.

（I'm from Shandong.）

A：哎呀，我也是。

Āiya，wǒ yě shì.

（Oh，me，too.）

2. 介绍他人

必备用语
Key Expressions

Wǒ lái jiè shào yí xià
⬤ 我来介绍一下
Let me introduce...

Zhè shì
⬤ 这是……。
This is...

Tā   tā shì
⬤ 他/她是……
He / She is...

Lái rèn shi yí xià
● 来认识一下……
Come and meet…

情景对话
Situational Dialogues

1.

（At the party.）

Lín dá Wáng Huá zhè shì Ài dé huá Lán bó tè Ài dé huá zhè
琳　达：王华,这是爱德华·兰伯特。爱德华,这
shì wáng Huá
是王华。

Wang Hua, this is Edward Lambert. Edward,
this is Wang Hua.

Wáng Huá Wǒmen yǐ jīng rèn shi le
王　华：我们已经认识了。

We've met already.

Lín dá Nǐ men yǐ qián jiù rèn shi ma
琳　达：你们以前就认识吗?

Have you met before?

Wáng Huá Bú shì wǒ men shì gāng gāng rèn shi de
王　华：不是,我们是刚刚认识的。

No. We just met.

Lín dá Tài hǎo le
琳　达：太好了。

Great.

Wáng Hhuá Lín dá lái rèn shi wǒ ài ren
王　华：琳达,来认识我爱人。

Mary, Come to meet my husband.

2.

（At the party.）

交际口语

王 华：琳达，他就是我丈夫，张晓军。晓军，
她是我的好朋友，琳达。

Mary, this is my husband, Zhang Xiaojun.
Xiaojun, this is my good friend, Mary.

张 晓军：你好，琳达。她总跟我提起你，说你人
特好。

Hi, Mary. She always tells me about you.
She says you are very nice.

琳 达：哪里，哪里。她才好呢！又漂亮，又能
干。

Oh, no, no. She is nice. She is pretty and ca-
pable.

张 晓军：是啊，的确。

Yes, she is.

王 华：瞧你说的。

What are you talking about?

琳 达：你们想不想见见我的家人？

Do you want to meet my family?

王 华：当然了。

Certainly.

琳 达：来认识一下我的家人。

Come and meet my family.

3.

（At the party.）

琳　达：我来介绍一下，这是我父亲，这是我母
　　　　亲。那是我妹妹，朱蒂，还有我弟弟，丹
　　　　尼尔。

Let me introduce you. This is my father, and
this is my mother. That is my sister, Judy,
and my brother, Daniel.

王　华：伯父、伯母，你们好！很高兴认识你们
　　　　全家。

Hello, Uncle and Aunt. Nice to meet you
all.

琳　达、琳达父母：你们好！见到你们，我们也很
　　　　高兴。

Hello. It's a pleasure to meet you, too.

王　华：你们是第一次来北京吗？

Is this your first time to Beijing?

琳达父：是的。

Yes.

王　华：来，咱们坐下聊吧。

Well, let's sit down and chat.

交际口语

词　汇
Vocabulary

对话 1

这是　zhèshì / this is

已经　yǐjīng / / already

以前　yǐqián / before，ago

刚刚　gānggāng / just now

太　tài / too

来　lái / come

爱人　àiren / wife

对话 2

他　tā / he

她　tā / she

总　zǒng / always

跟　gēn / follow

提起　tíqǐ / mention

特　tè / very

才　cái / just

又　yòu / as well as

漂亮　piàoliang / pretty

能干　néng gàn / capable

想　xiǎng / want

见　jiàn / meet with，see

家人　jiārén / family（member）

对话 3

介绍　jièshào / introduce

父亲　fùqin / father

母亲　mǔqin / mother
妹妹　mèimei / younger sister
弟弟　dìdi / younger brother
伯父　bófù / uncle
伯母　bómǔ / aunt
你们　nǐmen / you
我们　wǒmen / we
全家　quánjiā / whole family
第一次　dì-yī cì / first time
聊　liáo / chat

介绍 Introductions

相关用语
Relevant Expressions

shū shu
● 叔叔
uncle

ā yí
● 阿姨
aunt

gē ge
● 哥哥
elder brother

jiě jie
● 姐姐
elder sister

nán péng you
男 朋 友

boyfriend

● 女朋友
nǚ péng you

girlfriend

● 同事
tóng shì

colleague

● 老板
lǎo bǎn

boss

● 经理
jīng lǐ

manager

语言文化小贴士
Language Tips

哪里，哪里 … …

你表现得真不错！

1. "哪里,哪里"是中国人回答别人夸奖时的常用语,是一种谦虚的表示,意思是"没有那么好"。其他的表达方式还有"过奖了"、"不好"等。

Chinese people often use the expression " nǎlǐ " (No, no) to respond to compliments. This modest remark means "I am not that good." Other expressions include " guòjiǎng le "(You flatter me), " bù hǎo " (Not very good) and so on.

... 自己父母大的人为"伯父、伯母",称呼 的人为"叔叔、阿姨"。

address one who is older than their bómǔ "(uncle or aunt), and ad-er than their parents "shūshu" t).

带有责备口气的话,常用于回 这里表示说话人对别人的夸

What are you talking about?) what someone has just said, other's praises or criticism. one's uneasiness about other'

d speak.

图 1)

我的名字叫……

图 2)

你是哪国人？

我是美国人

图 3）

2. 选择正确的句子完成对话。**Choose the right sentences and complete the mini dialogues.**

1）A：你叫什么名字？

    B：＿＿＿＿＿＿

    A. 我是美国人

    B. 我叫大卫

    C. 很好，谢谢。

2）A：自我介绍一下。我是埃里克·摩根。

    B：＿＿＿＿＿＿

    A. 你好，我叫王涛。

    B. 我是中国人。

    C. 你好吗？

3）A：我是美国人。＿＿＿＿＿＿？

    B：我是英国人。

    A. 你是哪里人

    B. 你叫什么名字

    C. 你多大了

4）A：你是英国人吗？

45

　　B：＿＿＿＿＿＿＿。

　　A. 很好

　　B. 不是

　　C. 很高兴认识你

5）A：我来介绍一下，＿＿＿＿＿＿。

　　B：你好，很高兴认识你。

　　A. 我是英国人

　　B. 我叫琳达

　　C. 这是我父亲

3. 根据英文，选择正确的中文意思。Choose the right English meaning according to the Chinese.

1）I

A. 你　　　　　B. 我　　　　　C. 她

2）name

A. 名字　　　　B. 什么　　　　C. 这是

3）where

A. 哪国　　　　B. 汉语　　　　C. 哪里

4）friend

A. 爱人　　　　B. 家人　　　　C. 朋友

5）this is

A. 这是　　　　B. 这么　　　　C. 那是

6）father

A. 妈妈　　　　B. 爸爸　　　　C. 弟弟

7）wife

A. 爱人　　　　B. 丈夫　　　　C. 父亲

8）you

A. 我们　　　　B. 你们　　　　C. 咱们

9）we

A. 他们　　　　B. 我们　　　　C. 你们

10）introduce

A. 坐下　　　B. 介绍　　　C. 家人

答案 Answers：
2.
1）B　2）A　3）A　4）B　5）C
3.
1）B　2）A　3）C　4）C　5）A　6）B　7）A
8）B　9）B　10）B

交际口语

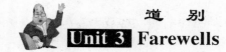

道 别

Unit 3 Farewells

必备用语
Key Expressions

● Zài jiàn
  再见!
  Goodbye.

● Huí tóu jiàn
  回头见!
  See you.

● Yí huìr jiàn
  一会儿见。
  See you soon/ later.

● Míng tiān jiàn
  明天见。
  See you tomorrow.

● Wǎn ān
  晚安。
  Good night.

● Xià zhōu jiàn
  下周见。
  See you next week.

情景对话
Situational Dialogues

1.

(It's 10:30 pm. The party is still going on. Wang Hua and her husband decide to leave. They walk to Mary to say good-bye.)

Wáng Huá   Lín dá   shí jiān bù zǎo le   wǒ xiǎng wǒ men gāi zǒu le
王　华：琳达，时间不早了，我想我们该走了。

Linda，it's getting late. I think we should go.

Lín　dá   Nǐ men zěn me lái de
琳　达：你们怎么来的?。

How did you come?

Wáng Huá   Wǒ ài ren kāi chē lái de
王　华：我爱人开车来的。

My husband drove.

Lín　dá   Lù shang xiǎo xīn diǎnr
琳　达：路上小心点儿。

Drive safely. (Take it easy)

Wáng Huá   Hǎo de   Zài jiàn
王　华：好的。再见。

OK. Bye.

Lín　dá   Zài jiàn
琳　达：再见。

Bye.

Zhāng Xiǎo jūn   Rèn shi nǐ wǒ hěn gāo xìng   Zài jiàn
张　晓军：认识你我很高兴。再见。

Nice to meet you. Good-bye.

Lín　dá   Zài jiàn   duō bǎo zhòng
琳　达：再见，多保重。

Bye. Take care.

交际口语

2.

(Wang Tao is chatting with Eric.)

埃里克：这附近有 网吧吗？
Āi lǐ kè　Zhè fù jìn yǒu wǎng bā ma

Are there any Internet bars around here?

王　涛：有。干吗？
Wáng Tāo　Yǒu　Gàn má

Yes. What for?

埃里克：我 想给 朋友 发个 邮件。
Āi lǐ kè　Wǒ xiǎng gěi péng you fā gè yóu jiàn

I want to send an email to my friend.

王　涛：行，一会儿我带你去。
Wáng Tāo　Xíng yí huìr　wǒ dài nǐ qù

OK. I'll take you there later.

埃里克：太好了。
Āi lǐ kè　Tài hǎo le

Great.

(Wang Tao sees one of his friends coming.)

王　涛：我先去跟朋友打个招呼，回头见。
Wáng Tāo　Wǒ xiān qù gēn péng you dǎ ge zhāo hu　huí tóu jiàn

I'll say hello to my friend first. See you later.

埃里克：回头见。
Āi lǐ kè　Huí tóu jiàn

See you.

3.

(One morning, Adam runs into Teacher Wang in the corridor.)

亚　当：早上好，王老师。
Yà dāng　Zǎo shang hǎo　Wáng lǎo shī

Adam: Good morning, Teacher Wang.

Wáng lǎo shī Zǎo shang hǎo Yà dāng
王老师：早上好, 亚当。

Teacher：Morning, Adam.

Yà dāng Wǒ yǒu ge wèn tí xiǎng wèn nǐ xià kè hòu zhǎo nǐ xíng ma
亚当：我有个问题想问你, 下课后找你行吗?

Adam：I have a question to ask you. Can I see you after class?

Wáng lǎo shī Méi wèn tí
王老师：没问题。

Teacher：No problem.

Yà dāng Nà huí tóu jiàn Wáng lǎo shī
亚当：那回头见, 王老师。

Adam：Well, see you then, Teacher Wang.

Wáng lǎo shī Yí huìr jiàn
王老师：一会儿见。

Teacher：See you.

(Adam sees Teacher Wang after class. After asking her the question, he is ready to leave.)

Yà dāng Xiè xie Wáng lǎo shī Míng tiān jiàn
亚当：谢谢王老师。明天见。

Adam：Thank you, Teacher Wang. See you tomorrow.

Wáng lǎo shī Míng tiān jiàn
王老师：明天见。

Teacher：See you tomorrow.

4.

(Wang Hua and Zhang Xiaojun arrive home. The television is still on and an anchor is saying sth…)

Bō yīn yuán Jīn tiān de jié mù jiù zhuǎn bō dào zhè lǐ xiè xie shōu kàn
播音员：今天的节目就转播到这里, 谢谢收看,

zhù dà jiā wǎn ān
祝大家晚安!

Anchor：That's all for today. Thanks for watching.

交际口语

Good night!

(Seeing her daughter lying on the couch at the living-room, Wang Hua goes over to her.)

Wáng Huá Bǎobèir   hái méi shuì ne
王　华：宝贝儿，还没睡呢？

　　　　Baby，why don't you go to bed?

Nǚ　ér　Wǒ zài děng nǐ men huí lái
女　儿：我在等你们回来。

　　　　I was waiting for you.

Wáng Huá Gāi shuì jiào le kuài shàng chuáng shuì jiào qù
王　华：该睡觉了，快上床睡觉去。

　　　　It's time for bed. Go to bed quickly.

Nǚ　ér　Hǎo ba
女　儿：好吧。

　　　　All right.

Wáng Huá Wǎn ān bǎobèir
王　华：晚安，宝贝儿。

　　　　Good night，Baby.

Nǚ　ér　Wǎn ān mā ma Míng tiān jiàn
女　儿：晚安，妈妈。明天见。

　　　　Good night，Mum. See you tomorrow.

5.

(It's time to get off work. Eric comes to Edward's desk.)

Āi lǐ kè Zhēn kuài yòu dào zhōu mò le
埃里克：真快，又到周末了。

　　　　Time really flies. It's Friday again.

Ài dé huá Shì a zhōu mò nǐ dǎ suàn zuò shén me
爱德华：是啊，周末你打算做什么？

　　　　You can say that again. What are you going to do this weekend?

Āi lǐ kè   Wǒ ma dāng rán shì xiān shuì ge dà lǎn jiào le   Nǐ ne
埃里克：我嘛，当然是先睡个大懒觉了。你呢？
Me? Of course I'm going to sleep in first. What about you?

Ài dé huá   Wǒ zhǔn bèi qù Cháng chéng wánr
爱德华：我准备去长城玩儿。
I'm going to the Great Wall.

Āi lǐ kè   Ō   nà jiù yào zǎo qǐ le
埃里克：噢，那就要早起了。
Oh，well. You'll have to get up early then.

Ài dé huá   Shì a   bù néng shuì lǎn jiào le   Bú guò   wǒ yì zhí hěn
爱德华：是啊，不能睡懒觉了。不过，我一直很
xiǎng qù Chángchéng
想去长城。
That's right. No more lie-in. But I've been longing to visit the Great Wall.

Āi lǐ kè   Qù ba   hǎohāor   wánr
埃里克：去吧，好好儿玩儿。
Then go. Have a good time.

Ài dé huá   Ài   zhōu mò yú kuài
爱德华：唉，周末愉快！
I will. Have a good weekend!

Āi lǐ kè   Zài jiàn   Xià zhōu jiàn
埃里克：再见！下周见。
Bye! See you next week.

词　汇
Vocabulary

对话 1

想　xiǎng /evening
该　gāi / should，ought to
走　zǒu / go

怎么　zěnme / how

来　lái / come

开车　kāichē / drive

再见　zàijiàn / bye－bye

多保重　duō bǎozhòng / take care

对话 2

附近　fùjìn / nearby

有　yǒu / have

网吧　wǎngbā / internet cafe

先　xiān / first

发　fā / send

邮件　yóujiàn / mail

带(某人)去　dài… qù / take (someone) to

跟(某人)打招呼　gēn … dǎ zhāohu / greet (some-
　　　　　　　　　　　one)

回头见　huítóu jiàn see you

对话 3

问题　wèntí / question

问　wèn / ask

找(某人)　zhǎo … / look for, find

老师　lǎoshī / teacher

对话 4

睡觉　shuìjiào / sleep

等　děng / wait

快　kuài / quick

上床　shàngchuáng / go to bed

宝贝　bǎobèi / baby

明天见 míngtiān jiàn / see you tomorrow

对话5

周末 zhōumò / weekend

打算 dǎsuàn / intend

做 zuò / do

什么 shénme / what

当然 dāngrán / certainly，of course

大 dà / big

懒觉 lǎnjiào / get up late，sleep in

准备 zhǔnbèi /prepare

去 qù / go

玩 wán / play

早起 zǎo qǐ / get up early

一直 yìzhí/ all the while

愉快 yúkuài / pleasant

下周 Xià zhōu / next week

相关用语
Relevant Expressions

Míngr   jiàn
◉ 明 儿 见。
See you tomorrow.

Gǎi rì jiàn
◉ 改 日 见。
See you later.

Xiǎo xīn diǎnr
◉ 小 心 点 儿。
Take it easy.

Bié sòng le
◉ 别送了。
Bye.

Huí qù ba
◉ 回去吧。
Return home.

Cháng lián xì
◉ 常联系。
Keep in touch.

Qǐng zǒu hǎo
◉ 请走好。
Be careful.

Yí lù píng ān
◉ 一路平安。
Bon voyage.

Zhù nǐ hǎo yùn
◉ 祝你好运!
Good luck.

Zhù nǐ yí qiè shùn lì
◉ 祝你一切顺利!
Gook luck.

语言文化小贴士
Language Tips

　　中国是一个礼仪之邦,中国人讲究待客之道。一般送客都要送到大门外,所以就有了"请留步"、"请回吧"、"别送了"、"请走好"之类的客套话。"请留步"、"请回吧"比"别送了"、"回去吧"更正式一些。

道别 Farewells

China is a country of ceremony and propriety, and Chinese people treat guests very carefully. Usually people see guests off outside the gate, so there are such polite formulas such as " qǐng liú bù . " (Please stop here.) , "qǐng huí ba " (Please go back.) , "bié sòng le " (Don't go further.) , "qǐng zǒu hǎo " (Please walk safely.). The first three phrases are said by guests, and the last one is said by the host. " qǐng liú bù " and " qǐng huí ba " are more formal than " bié sòng le " and "Huí qù ba".

交际口语

练 习
Exercises

1. 从下列选项选出不是道别的用语。Choose the phrase which is not used for farewells.

1)

A. 回头见。

B. 下午好。

C. 再见。

A.　　　　B.　　　　C.

2)

A. 明天见。

B. 晚安。

C. 何时见。

A.　　　　B.　　　　C.

3)

A. 下周见。

B. 上周见。

C. 一会儿见。

A.　　　　B.　　　　C.

2. 根据中文,选择正确的英文意思。Choose the right English meaning according to the Chinese.

1) 一会儿见。

A. A moment later.

B. See you later.

C. Be right back.

A.　　　　B.　　　　C.

2) 明天见。

A. See you.

B. See you soon.

C. See you tomorrow.

A.　　　　B.　　　　C.

3）改日见。

A. See you some other day.

B. See you.

C. See you tomorrow.

A.　　　　B.　　　　C.

4）回头见。

A. See you later.

B. Good day.

C. Good night.

A.　　　　B.　　　　C.

5）再见。

A. Goodbye.

B. See you later.

C. See you soon.

A.　　　　B.　　　　C.

3. 用适当的词填空。Choose the right word and fill in the blanks.

1）我_____我们该走了。

A. 准备

B. 想

C. 打算

A.　　　　B.　　　　C.

2）我爱人开车_____的。

A. 来

B. 上

C. 下

A.　　　　B.　　　　C.

3) 行,一会儿我_____你去。
A. 来
B. 走
C. 带
A.　　　　B.　　　　C.

4) 我先去跟朋友_____个招呼。
A. 打
B. 问
C. 大
A.　　　　B.　　　　C.

5) 我有个_____想问你。
A. 周末
B. 问答
C. 问题
A.　　　　B.　　　　C.

答案 Answers：
1.
1) B　2) C　3) B
2.
1) B　2) C　3) A　4) A　5) A
3.
1) B　2) A　3) C　4) A　5) C

感　谢
Unit 4 Gratitude

必备用语
Key Expressions

● Xiè xie
　谢谢。
　Thanks.

● Duō xiè
　多谢。
　Thanks a lot.

● Bú kè qì
　不客气。
　Not at all.

● Bú yòng xiè
　不用谢。
　Don't mention it. / You're welcome.

情景对话
Situational Dialogues

1.

（At the party，Edward is chatting with Wang Hua when Zhang Xiaojun walks over holding two glasses of cola. Wang Hua takes one and passes it to Edward.）

交际口语

Wáng　Huá　Hē diǎnr　　kě lè ba
王　华：喝点儿可乐吧。

　　　　Have some cola, please.

Ài dé huá　Ò　　xiè xie
爱德华：哦，谢谢。

　　　　Oh, thank you.

Wáng　Huá　Bú kè qi
王　华：不客气。

　　　　You're welcome.

Ai dé huá　Nà nǐ ne
爱德华：那你呢？

　　　　What about you?

Wáng　Huá　Wǒ bù hē kě lè
王　华：我不喝可乐。

　　　　I don't drink cola.

(Wang Hua turns to Zhang Xiaojun, her husband)

Wáng　Huá　Gěi wǒ ná bēi chéng zhī lái　hǎo ma　Duō xiè
王　华：给我拿杯橙汁来，好吗？多谢。

　　　　Would you please bring me a cup of orange
　　　　juice? Thanks.

2.

(Wang Tao takes Eric to an Internet bar.)

Wáng　Tāo　Wǒ men dào le　　Zhè lǐ yǒu yì jiā wǎng bā　pángbiān hái yǒu
王　涛：我们到了。这里有一家网吧，旁边还有

yì jiā kā fēi tīng
　　　一家咖啡厅。

　　　　Here we are. This is the internet bar. There
　　　　is a coffee shop next to it.

Āi lǐ kè　Tài hǎo le　Zhēn shì tài gǎn xiè nǐ le
埃里克：太好了。真是太感谢你了。

　　　　This is fantastic. Thank you very much in-
　　　　deed.

Wáng Tāo Bú yòng xiè
王　涛：不用谢。
　　　　Don't mention it.

Āi lǐ kè Nà wǒ qǐng nǐ hē bēi kā fēi ba
埃里克：那我请你喝杯咖啡吧？
　　　　Well，can I buy you a coffee?

Wáng Tāo Nǐ tài kè qì le bú yòng Zhēn de Wǒ hái yǒu diǎnr
王　涛：你太客气了，不用。真的。我还有点儿
shì jiù xiān zǒu le
事就先走了。
　　　　No，no. You're too polite. Really. I have
　　　　something to do，so I'm leaving.

Āi lǐ kè Duō xiè le gē menr Zhǎo shí jiān zài jù
埃里克：多谢了，哥们儿。找时间再聚。
　　　　Thanks a lot，buddy（brother）. Let's find
　　　　some time to meet again.

Wáng Tāo Chéng Cháng lián xì
王　涛：成。常联系。
　　　　OK. Keep in touch.

3.

（At the party，Wang Hua and her husband express
their thanks to Linda.）

Wáng Huá Lín dá zhè gè jù huì gǎo de zhēn hǎo
王　华：琳达，这个聚会搞得真好。
　　　　Linda，this party is wonderful.

Lín dá Xiè xie Nǐ men wánr de kāi xīn ma
琳　达：谢谢。你们玩儿得开心吗？
　　　　Thank you. Are you having a good time?

Wáng Huá Kāi xīn jí le Ér qiě hái rèn shi le hěn duō péng you
王　华：开心极了。而且，还认识了很多朋友。
　　　　Yes，absolutely. And we have met a lot of
　　　　friends.

Lín dá Kàn lái zhè yàng de jù huì hái yào duō gǎo
琳 达：看来这样的聚会还要多搞。
> It seems that we should do this more often.

Wáng Huá Méi cuò Lìng wài wǒ hái yào gǎn xiè nǐ de yāo qǐng hé kuǎn
王 华：没错。另外，我还要感谢你的邀请和款
dài ne
待呢。
> You're right. Besides，I would like to thank
> you for your invitation and hospitality.

Lín dá Méi shén me Wǒ hái méi gǎn xiè nǐ men ne
琳 达：没什么。我还没感谢你们呢。
> My pleasure. And I haven't thanked you two
> yet.

Zhāng Xiǎo Jūn Wǒ men
张 晓军：我们？
> Us?

Lín dá Shì a Gěi wǒ zhè ge miànr lái cān jiā jù huì ya
琳 达：是啊！给我这个面儿来参加聚会呀！
> Yeah. For giving me the opportunity to treat
> you at the party.

Wáng Huá Zhāng Xiǎo jūn Ō hā hā hā
王 华、张 晓军：噢哈哈哈！
> Ha，ha，ha
（Everyone laughs.）

词 汇
Vocabulary

对话 1
谢谢 xièxie / thanks
喝 hē / drink
点儿 diǎnr / a little

感谢 Gratitude

不客气　bú kèqi / not at all

给（某人）拿……　gěi…ná…/ bring (someone) sth.

杯　bēi / cup

橙汁　chéngzhī / orange juice

多谢　duōxiè / thanks a lot

对话 2

到了　dào le / here we are

这里　zhèlǐ / here

有　yǒu / have

一家　yìjiā / one

网吧　wǎngbā / net bar

旁边　pángbiān / beside

咖啡厅　kāfēitīng / coffee house

感谢　gǎnxiè / thank

哥们儿　gēmenr / buddies

再　zài / again

聚　jù / get together

成　chéng / All right.

常　cháng / often

联系　liánxì / contact

对话 3

聚会　jùhuì / get-together，meet

搞　gǎo / do

开心　kāixīn / feel happy

很多　hěn duō / a lot of

看来　kànlái / it looks as if

这样　zhèyàng / this kind of

交际口语

邀请　yāoqǐng / invite
款待　kuǎndài / hospitality
没错　méicuò / right
没什么　méishénme / that's all right, it's nothing
给(某人)面儿　gěi…miànr/give (sb.) face, do sb. a
　　　　　　　　　　　　　　　　favor
参加　cānjiā / participate

相关用语
Relevant Expressions

Xiè le
● 谢了。
Thanks.

Fēi cháng gǎn xiè
● 非常感谢。
Thank you very much.

Wǒ zhēn shì gǎn jī bú jìn
● 我真是感激不尽。
This means a lot to me.

Tài gǎn jī le
● 太感激了。
Much appreciated.

Yīng gāi de
● 应该的。
My pleasure.

Zhè bú suàn shén me
● 这不算什么。
It was nothing.

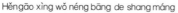

感谢 Gratitude

Hěn gāo xìng wǒ néng bāng de shang máng
● 很高兴我能帮得上忙!
I'm glad I could help!

Méi shén me
● 没什么。
No sweat.

语言文化小贴士
Language Tips

1. 中国人很讲究面子。如果主人请你吃饭或参加什么活动,你拒绝了,主人就觉得你不给他/她面子,或觉得自己没有面子,请不来客人,自然他/她在别人面前就丢了面子。"面儿"是"面子"的更口语说法,例如:

A:我几次请你来我家玩儿,你都没来。你这人真不给面儿。

B:哎,我不是一直忙吗。等有空了,我一定去。

Chinese people care about face. If you are invited to have dinner or participate an activity, but you refuse

交际口语

to go，the host would feel you won't give him or her face，or would feel shamed. If some guests don't come，he or she would surely feel a loss of face in front of the others."miànr" is more colloquial than "miànzi" (face). For example：

A：I have invited you to come to my house several times，but you never come. You really don't care about my face. (have consideration for my sensibilities)

B：Well，I've been busy the whole time. I'll surely go when I'm free.

2."哥们儿"有两层意思，一个是表示兄弟关系，另一个是表示朋友间亲密无间的关系。后者在使用时带有亲热的口气。"姐们儿"一词的意思与"哥们儿"一词类似。

"gēmenr" has two meanings：one is a relationship of brothers；the other means an intimate relationship between friends or buddies. This latter makes friends feel closer or more intimate when it is used. The meaning of "jiěmenr" is similar to "gēmenr".

练　习
Exercises

1. 根据提示，用表示感谢和回应感谢的用语做三个小对话。Make three mini talks with thanks and reply to thanks according to the hints.

1）天气热……喝……

2）……太重……帮……拿

3）请客

2. 词语练习。请用"还"和"还要"完成下列句子。

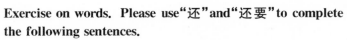

Exercise on words. Please use"还"and"还要"to complete the following sentences.

1）你们玩儿得_____开心吗？

2）开心极了。而且，_____认识了很多朋友。

3）看来这样的聚会_____多搞。

4）没错。另外，我_____感谢你的邀请和款待呢。

5）没什么。我_____没感谢你们呢。

3. 用所给的词完成下列句子。Use the words given to complete the following sentences.

走　给　多　款待　喝　太　邀请　还有

1）我不_____可乐。

2）_____我拿杯橙汁来，好吗？_____谢。

3）太好了。真是_____感谢你了。

4）我_____点儿事就先_____了。

5）另外，我还要感谢你的_____和_____呢。

答案 Answers：

2.

1）还　2）还　3）还要　4）还要　5）还

3.

1）喝　2）给、多　3）太　4）还有、走　5）邀请、款待

感谢 Gratitude

交际口语

道　歉
Unit 5 Apologies

必备用语
Key Expressions

Duì bu qǐ
● 对不起。
I'm sorry.

Bào qiàn
● 抱歉。
Sorry.

Duì bu qǐ　méi tīng qīng
● 对不起，没听清。
Sorry，I beg your pardon.

Láo jià　ràng yí xià
● 劳驾，让一下。
Excuse me，let me pass.

Méi guān xì
● 没关系。
It doesn't matter.

Méi shir
● 没事儿。
That's all right.

情景对话
Situational Dialogues

1.

(Now it's 8:30am. Edward is on a bus.)

Ài dé huá   Duì bú qǐ
爱德华:对不起。

　　　　Sorry.

Nǚ chéng kè   Méi guān jì
女乘客:没关系。

　　　　It doesn't matter.

Ài dé huá   Duì bu qǐ   qǐng wèn nín xià chē ma
爱德华:对不起,请问您下车吗?

　　　　Excuse me, are you going to get off the bus?

Nán chéng kè   Bú xià
男乘客:不下。

　　　　No.

Ài dé huá   Láo jià   ràng yí xià   Wǒ yào xià chē
爱德华:劳驾,让一下。我要下车。

　　　　Excuse me, let me pass. I'm going to get off.

(After getting off the bus, Edward is running all the way to the office. Accidently, he bumps into a woman coming up and knocks her bag to the ground.)

Nǚ shì   Hēi gàn shén me na
女 士:嘿,干什么哪?

　　　　Hey, what on earth are you doing?

Ài dé huá   Ò   zhēn duì bu qǐ   dōu guài wǒ
爱德华:哦,真对不起,都怪我。

　　　　Oh, I'm terribly sorry. It's my fault.

Nǚ shì   Zǒu lù yě bú kàn zhe diǎnr
女 士:走路也不看着点儿。

　　　　Why don't you look where you're going?

交际口语

Ài dé huá   Wǒ hěn bào qiàn   dī tóu kàn shǒu biǎo   Zāo gāo yào chí dào
爱德华：我很抱歉。（低头看手表）糟糕，要迟到

le
了。

　　　　I'm so sorry.（looking at his watch）Oops，I'm going to be late.

2.

（Edward walks into his office out of breath. The receptionist hands him a fax.）

Qián tái xiǎo jiě   Shì chǎng bù de Zhào jīng lǐ zhǎo nǐ
前台小姐：市场部的赵经理找你。

　　　　Manager Zhao of the Marketing Department is looking for you.

Ài dé huá Duì bu qǐ   méi tīng qīng
爱德华：对不起，没听清。

　　　　Sorry，I beg your pardon?

Qián tái xiǎo jiě   Shì chǎng bù de Zhào jīng lǐ zài zhǎo nǐ
前台小姐：市场部的赵经理在找你。

　　　　Manager Zhao of the Marketing Department is looking for you.

Ài dé huá Ò   xiè xie
爱德华：哦，谢谢。

　　　　Oh，thank you.

Qián tái xiǎo jiě   Bú yòng xiè
前台小姐：不用谢。

　　　　You're welcome.

（Edward is outside the door of Manager Zhao.）

Ài dé huá Duì bu qǐ   dǎ rǎo le   Tīng shuō nǐ zhǎo wǒ
爱德华：对不起，打扰了。听说你找我？

　　　　Sorry to bother you. I was told you were looking for me.

Zhào jīng lǐ Méi shìr de Qǐng jìn
赵 经理：没事儿的。请进。
        That's all right. Come in, please.

3.

(Chen Chen works at the same room with Edward. Right now, he is about to fill a form.)

Chén Chén Ài wǒ de bǐ ne sì chù zhǎo Ài dé huá shì bu shì
陈　　晨：哎，我的笔呢？（四处找）爱德华，是不是
nǐ ná qù le
        你拿去了？
        Hey, where is my pen? (looking around)
        Edward, did you take it away?

Ài dé huá Méi yǒu Zhè ge kě shì wǒ de
爱德华：没有。这个可是我的。
        No. This one is mine.

Chén Chén Kěn dìng shì nǐ Nǐ jīng cháng bǎ wǒ de bǐ shùn zǒu
陈　　晨：肯定是你。你经常把我的笔顺走。
        Surely you did. You often take my pen away.

Ài dé huá Zěn me kě néng ne Wǒ jīn tiān méi qù nǐ nàr
爱德华：怎么可能呢？我今天没去你那儿。
        How is that possible? I haven't been to your
        place yet today.

Chén Chén Bù kě néng Nà wǒ de bǐ nǎr qù le Tā hái néng
陈　　晨：不可能。那我的笔哪儿去了？它还能
zhǎng chì bǎng fēi le bù chéng
        长 翅膀飞了不成。
        Impossible. Where is my pen then? Did it
        sprout wings and fly away?

(At this moment a man walks in and returns the pen to Chen Chen.)

Lái zhě Duì bu qǐ gāng cái zài nǐ zhèr jiē diàn huà jì le ge diàn
来　者：对不起，刚才在你这儿接电话，记了个电

交际口语

huà hào mǎ　　Jié guǒ dǎ wán diàn huà hòu　 shùn shǒu bǎ bǐ gěi
话号码。结果打完电话后，顺手把笔给

ná zǒu le
拿走了。

Sorry，I answered a phone at your place，and wrote down a telephone number．Then I took your pen away after that．

Chén　Chén Yuán lái shì nǐ ná de　 wǒ hái yǐ wéi shì Ài dé huá ne
陈　晨：原来是你拿的，我还以为是爱德华呢？

It is you who took my pen．I thought it was Edward．

Lái　zhě　Bù hǎo yì si　gěi nǐ tiān má fan le
来　者：不好意思，给你添麻烦了。

I'm sorry for the trouble I caused you．

Chén　Chén Duì bu qǐ　 Ài dé huá　　Wǒ cuò guài nǐ le　　Nǐ kě bié
陈　晨：对不起，爱德华。我错怪你了。你可别

wǎng xīn li qù yo
往心里去哟？

Sorry，Edward．I've blamed you wrongly．Don't take it to heart，OK？

Ài　dé huá Gàn má zhè me kè qi ya　 Jiàn wài le bú shì　　Shuō zhe
爱德华：干吗这么客气呀？见外了不是？（说着

cháo tā zuò le ge guǐ liǎn
朝他做了个鬼脸。）

Why do you stand on ceremony？Don't you regard me as a stranger？（He makes a funny face while speaking．）

Chén　Chén Hā hā　 nǐ xiǎo zi jìn bù bù xiǎo a
陈　晨：哈哈，你小子进步不小啊！

Ha，ha，what progress you've made！

词 汇
Vocabulary

对话 1

对不起。 duìbuqǐ . / Sorry.

没关系。 méi guānxì . / It doesn't matter.

请问 qǐng wèn / excuse me

下车 xià chē / get off a bus（car）

劳驾 láojià / excuse me

让一下。 Ràng yí xià . / Let me pass.

要 yào / want

怪我 guài wǒ / blame me

干什么 gàn shénme / what to do

走路 zǒu lù / walk

抱歉 bàoqiàn / sorry

糟糕 zāogāo / too bad

迟到 chídào / be late

对话 2

市场部 shìchǎngbù / Marketing Department

经理 jīnglǐ / manager

听 tīng / hear

清 qīng / clear

打扰 dǎrǎo / bother

听说 tīngshuō / hear，be told

请进。 Qǐng jìn . / Please come in.

对话 3

我的 wǒ de / mine；my

笔 bǐ / pen

拿去　ná qù / take away

肯定　kěndìng / undoubtedly, definitely, surely

经常　jīngcháng / often

顺走　shùn zǒu / steal

怎么可能　zěnme kěnéng / how is it possible

今天　jīn tiān / today

长翅膀　zhǎng chìbǎng / have wings

飞　fēi / fly

刚才　gāngcái / just now

接电话　jiē diànhuà / answer the phone

原来　yuán lái / so that is

以为　yǐwéi / think

添麻烦　tiān máfan / make troubles

错怪　cuòguài / blame wrongly

小子　xiǎozi / fellow, chap

进步　jìnbù / make progress

小　xiǎo / small, little

相关用语
Relevant Expressions

Duì bu qǐ　dǎ rǎo nín yí xià
● 对不起，打扰您一下。
Sorry to bother you.

Duì bu qǐ　má fan yí xià
● 对不起，麻烦一下。

Pardon me, please.

Duì bu qǐ   zhè shì wǒ de cuò
⚫ 对不起,这是我的错。
Sorry, my fault.

Bào qiàn   gěi nín tiān má fan le
⚫ 抱歉,给您添麻烦了。
Sorry to give you trouble.

Bù hǎo yì si   wǒ nòng cuò le
⚫ 不好意思,我弄错了。
Excuse me, I made a mistake.

Duì bu qǐ   jiàn xiào le
⚫ 对不起,见笑了。
Sorry for that.

Duì bu qǐ   wǒ bú shì gù yì de
⚫ 对不起,我不是故意的。
Sorry, I didn't do it on purpose.

Qǐng yuán liàng
⚫ 请原谅。
Please forgive me.

Zhè shìr   yuàn wǒ
⚫ 这事儿怨我。
It's my fault. I should be blamed.

Duì bú zhù le
⚫ 对不住了。
Sorry.

Bú yào jǐn
⚫ 不要紧。
It doesn't matter.

Bù má fan

● 不麻烦。

No trouble at all.

Bié zài yì

● 别在意。

Don't let it bother you.

Bié wǎng xīn lǐ qù

● 别往心里去。

Don't take it to heart.

语言文化小贴士
Language Tips

1. 中国人在为人处事上讲究内外有别。对自己亲近的人不太讲究礼仪，说话比较随便。而对不太熟悉的人（也被称为"外人"）则表现得客客气气。爱德华用"干吗这么客气呀？见外了不是？"是表示他愿意让陈晨把他当"自己人"，也就是"朋友"看待，不想让他把自己当"外人"。对话中"见外"的意思是"当外人看待"。

Chinese people pay attention to how they treat different people. They don't worry about courtesy with their own intimate friends, so they speak rather casually, while behaving politely to strangers "wàirén". Edward uses "Gānmá zhème kèqì ya？Jiànwài le bú shì？" to show he would like Chen Chen regard him as "zìjǐrén"(one on his side)，or a friend, not a stranger. In the conversation，"jiànwài" means "regard someone as a stranger".

2. "小子"有两个含义，一是"男孩儿"，二是"人"（用于男性，可含亲切或轻蔑意）。

"Xiǎozi" has two meanings, one is "boy", another is "fellow or chap".

3. "见笑"的意思是"被人笑话"(多用作谦辞表示说话人对自己所说的话或办的事不满意)。

"Jiànxiào" means "be laughed at", often used as a modest word to show the speaker is not satisfied with what he or she says or does.

练 习
Exercises

1. 根据情境提示,用表示道歉的用语进行一段小对话。Make a mini dialogue using phrases of apologies according to the situational hint.

1) 你在路上走,别人不小心撞了你一下,对方向你道歉。

2) 你在同事家玩儿,无意中打碎了人家的花瓶。

3) 你忘记了把借的东西还给别人了,你去还东西。

2. 连线。Link.

A1 对不起。   B1 我再说一遍。

A2 抱歉,碰着你了。　　　　B2 没关系。

A3 对不起,没听清。　　　　B3 让一下。

A4 劳驾,　　　　　　　　　B4 给你添麻烦了。

A5 这事都怪我。　　　　　　B5 没事儿。

A6 不好意思,　　　　　　　B6 别这么说。

3. 看图说话。Look and speak.

1)（早上 8:30）

2)（上班去）

3）（在办公室）

我的笔呢？

答案 Answers

2.

　A1—B2　A2—B5　A3—B1　A4—B3　A5—B6

A6—B4

Unit 6 Enquiry/Chatting
询问(聊天儿)

1. 询问个人和工作情况

必备用语
Key Expressions

● Nǐ shì nǎ lǐ rén
你是哪里人?
Where are you from?

● Nǐ duō dà le
你多大了?
How old are you?

● Yǒu nán nǚ péngyou ma
有(男/女)朋友吗?
Have you got a boyfriend or girlfriend?

● Jié hūn le ma
结婚了吗?
Are you married?

● Yǒu hái zi ma
有孩子吗?
Do you have children?

● Shì nán háir hái shì nǚ háir
是男孩儿还是女孩儿?

82

Is it a boy or a girl?

Nǐ zài nǎ lǐ gōng zuò
◉ 你在哪里工作？
Where do you work?

Gōng zuò máng ma
◉ 工作忙吗？
Are you busy?

情景对话
Situational Dialogues

1.

（At a party.）

Yà dāng Nǐ yí ge rén zài Běi jīng
亚 当：你一个人在北京？

Adam：Are you in Beijing alone?

Lín dá Duì Nǐ ne
琳 达：对。你呢？

Linda：Yes. What about you?

Yà dāng Wǒ yě shì Nǐ jié hūn le ma
亚 当：我也是。你结婚了吗？

Adam：Me，too. Are you married?

Lín dá Méi yǒu
琳 达：没有。

Linda：No.

Yà dāng Yǒu nán péng you le ba
亚 当：有男朋友了吧？

Adam：Have you got a boyfriend?

Lín dá Hái méi yǒu Nǐ ne Yǒu nǚ péng you le
琳 达：还没有。你呢？有女朋友了？

Linda：Not yet. And you? Have you got a girlfriend?

83

交际口语

亚　当：我的女朋友还没出 生呢！哎，你喜欢
什么运动？

Adam：My girlfriend hasn't been born yet. Hey, what
sports do you like?

琳　达：我喜欢 跑步、爬山、游泳、打网球……

Linda：I like jogging, mountain climbing, swimming,
playing tennis . . .

亚　当：正好，我也喜欢打网球。周末，你有
空吗？

Adam：Well, I like to play tennis, too. Do you have
time this weekend?

琳　达：这个周末，有空。

Linda：This weekend, I'm free.

亚　当：太好了，我们去打网球吧？

Adam：Terrific. Let's play tennis, shall we?

琳　达：行。

Linda：OK.

亚　当：好，一言为定。

Adam：Good. That's settled then.

琳　达：一言为定。到时你给我打电话吧。

Linda：Settled. call me then.

亚　当：没问题。

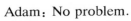

Adam：No problem.

2.

(At a party.)

Wáng Tāo　Nǐ fù mǔ shì zuò shén me de
王　涛：你父母是做什么的？

Wang Tao：What do your parents do?

Āi lǐ kè　Wǒ bà ba shì wài jiāo jiā　wǒ mā ma shì yī shēng
埃里克：我爸爸是外交家，我妈妈是医生。

Eric：My father is a diplomat. My mother is a doctor.

Wáng Tāo　Nǐ yǒu xiōng dì jiě mèi ma
王　涛：你有兄弟姐妹吗？

Wang Tao：Do you have brothers and sisters?

Āi lǐ kè　Wǒ yǒu yí ge dì di　Nǐ men jiā yǒu jǐ kǒu rén
埃里克：我有一个弟弟。你们家有几口人？

Eric：I have a younger brother. How many people in
　　　your family?

Wáng Tāo　Sān kǒu　wǒ bà　wǒ mā　hái yǒu wǒ
王　涛：三口，我爸，我妈，还有我。

Wang Tao：Three，my father，my mother，and me.

Āi lǐ kè　nǐ shì gàn shén me de
埃里克：你是干什么的？

Eric：What do you do?

Wáng Tāo　Wǒ shì jì zhě　zài bào shè gōng zuò　Nǐ zài nǎ lǐ gōng
王　涛：我是记者，在报社工作。你在哪里工
zuò
作？

Wang Tao：I'm a journalist. I work at a newspaper of-
　　　fice. Where do you work?

Āi lǐ kè　Wǒ zài yì jiā guǎng gào gōng sī gōng zuò　Wǒ zhī dào bào shè
埃里克：我在一家广告公司工作。我知道报社
gōng zuò hěn lèi　shì bu shì
工作很累，是不是？

交际口语

Eric：I work in an advertisement agency. I know working at a newspaper is very tiring, isn't it?

Wáng   Tāo   Méi cuò   Yào cǎi fǎng   yǒu shí hái yào shàng yè bān   Nǐ men
王　涛：没错。要采访，有时还要上夜班。你们

　　　　gōng zuò máng ma
　　　　工作忙吗？

Wang Tao：That's right. I have to do interviews and have the night shift sometimes. Are you busy?

Āi lǐ kè   Hái xíng   Yǒu shí máng   yǒu shí bù máng
埃里克：还行。有时忙，有时不忙。

Eric：It's OK. Sometimes busy, sometimes not very busy.

Wáng   Tāo   Píng shí xià le bān nǐ dōu xǐ huan zuò shén me
王　涛：平时下了班你都喜欢做什么？

Wang Tao：What do you like to do after work?

Āi lǐ kè   Wǒ xǐ huan hé péng you hē kā fēi   hē jiǔ   liáo tiānr   Nǐ
埃里克：我喜欢和朋友喝咖啡、喝酒、聊天儿。你

　　　　xǐ huan shén me
　　　　喜欢什么？

Eric：I like to drink coffee, wine, and chat with friends. What do you like?

Wáng   Tāo   Wǒ xǐ huan shàng wǎng wánr   yóu xì   kàn diàn yǐng   dǎ pū
王　涛：我喜欢上网玩儿游戏，看电影，打扑

　　　　kè
　　　　克。

Wang Tao：I like to play games, wach movies, and play cards.

Āi lǐ kè   Xǐ huan hē jiǔ bèng dí ma   Wǒ zhī dào yí ge jiǔ bā   hěn
埃里克：喜欢喝酒蹦迪吗？我知道一个酒吧，很

　　　　bú cuò   zhǎo yì tiān wǒ men yì qǐ qù wánr   wanr
　　　　不错，找一天我们一起去玩儿玩儿？

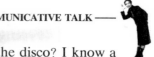

Eric：Like to drink wine and go to the disco? I know a bar，not bad. Shall we go out someday?

Wáng Tāo　Hǎo a
王　涛：好啊！

Wang Tao：Okay!

3.

（At a party.）

Ài dé huá　　Tā shì nǐ de nán péng you ma
爱德华：他是你的男朋友吗？

Edward：Is he your boyfriend?

Wáng Huá　Bú shì　shì wǒ zhàng fu
王　华：不是，是我丈夫。

Wang Hua：No，he is my husband.

Ài dé huá　Ó　nǐ jié hūn le
爱德华：哦，你结婚了？

Edward：Oh，you are married?

Wáng Huá　Duì
王　华：对。

Wang Hua：That's right.

Ài dé huá　Yǒu hái zi ma
爱德华：有孩子吗？

Edward：Do you have a child?

Wáng Huá　Yǒu
王　华：有。

Wang Hua：Yes.

Ài dé huá　Shì nán háir　hái shì nǚ háir
爱德华：是男孩儿还是女孩儿？

Edward：Is it a boy or a girl?

Wáng Huá　Nǚ háir
王　华：女孩儿。

Wang Hua：A girl.

交际口语

Ài dé huá　　Tā jǐ suì le
爱德华：她几岁了？

Edward：How old is she?

Wáng Huá　　Qī suì le
王　华：7岁了。

Wang Hua：Seven.

Ài dé huá　　Ó　shì ma　　Bú xiàng　　Nǐ kàn shàng qù yě jiù èrshí duō
爱德华：哦，是吗？不像。你看上去也就20多
　　　　　　　　suì
　　　　　　　岁。

Edward：Oh，really? It doesn't look like it. You only
　　　　　look 20-something.

Wáng Huá　　Shì ma　　Wǒ hěn gāo xìng　　Nǐ duō dà le
王　华：是吗？我很高兴。你多大了？

Wang Hua：Really? I'm very glad to hear it. How old
　　　　　　are you?

Ài dé huá　　Wǒ èrshíèr suì　　Yī jiǔ bā sì nián chū shēng de
爱德华：我22岁。1984年出生的。

Edward：I'm 22. I was born in 1984.

Wáng Huá　　Bǐ wǒ xiǎo sì suì　　Nà nǐ shì shǔ shǔ de
王　华：比我小4岁。那你是属鼠的。

Wang Hua：You're four years younger than I am. You
　　　　　　belong to the year of the rat，then.

Ài dé huá　　Ò　wǒ xǐ huan
爱德华：哦，我喜欢。

Edward：Oh，I like it.

词　汇
Vocabulary

对话 1

一个　yí gè / a, an, one

人 rén / person, people

在 zài / in, at

结婚 jiéhūn / be married, get married

没有 méiyǒu / not have

男朋友 nánpéngyou / boyfriend

女朋友 nǚpéngyou/ girlfriend

出生 chūshēng / be born

喜欢 xǐhuan / like

运动 yùndòng / sports

跑步 pǎobù / jog, run

爬山 páshān / mountain climbing

游泳 yóuyǒng / swimming

打网球 dǎ wǎngqiú / play tennis

周末 zhōumò / weekend

有空 yǒu kòng / be free, have time

一言为定 yìyánwéidìng / that's settled then

到时 dàoshí / by the time, then

打电话 dǎ diànhuà/ be free, have time

没问题 méi wèntí / no problem

对话 2

父母 fùmǔ / parents

外交家 wàijiāojiā / diplomat

医生 yīshēng / doctor

兄弟 xiōngdì / brother

姐妹 jiěmèi / sister

几口 jǐ kǒu / how many（people）

人 rén / people

交际口语

三　sān / three

还有　háiyǒu / there are also

记者　jìzhě / journalist

报社　bàoshè / newspaper office

工作　gōngzuò / work

广告　guǎnggào / advertisement

公司　gōngsī / company

知道　zhīdào / know

累　lèi / tired

采访　cǎifǎng / interview

有时　yǒushí / sometimes

上夜班　shàng yèbān / have night shift

平时　píngshí / ordinarily

下班　xiàbān / after work

喝咖啡　hē kāfēi / drink coffee

喝酒　hē jiǔ / drink wine

聊天儿　liáortiānr / chat

上网　shàngwǎng / surf the net

玩儿游戏　wánr yóuxì / play games

看电影　kàn diànyǐng / watch movies

打扑克　dǎ pūkè / play cards

蹦迪　bèngdí / disco dance

一天　yì tiān / a day

一起　yìqǐ / together

对话 3

孩子　háizi / child

男孩儿　nánháir / boy

女孩儿　nǚháir/ girl

几岁　jǐ suì / how old

像　xiàng / like; as if

看上去　kàn shàng qù / look like

多大　duō dà/ how big

比　bǐ/ than

小　xiǎo / small，little

属　shǔ / be born in the year of（one of the 12 animals）

鼠　shǔ / mouse，rat

相关用语
Relevant Expressions

● dān shēn
单身
single

● chéng jiā
成家
get married

● jiā rén
家人
family member

● ài hào
爱好
hobby

● nǚ ér
女儿

daughter

◉ 儿子
ér zi

son

◐ 双 胞胎
shuāng bāo tāi

twins

◉ 你喜欢儿子还是女儿?
Nǐ xǐ huan ér zi hái shì nǚ ér

Do you like sons or daughters?

◉ 你是哪年 生人?
Nǐ shì nǎ nián shēng rén

Which year were you born?

◉ 你家都有些 什么人?
Nǐ jiā dōu yǒu xiē shén me rén

Who are the people in your family?

◉ 你家在哪儿?
Nǐ jiā zài nǎr

Where is your home?

◉ 你在哪儿住?
Nǐ zài nǎr zhù

Where do you live?

◉ 你的家离单位远吗?
Nǐ de jiā lí dān wèi yuǎn ma

Is your home far from the work unit?

 ◉ 你怎么上 班去?
Nǐ zěn me shàng bān qù

How do you get to work?

语言文化小贴士
Language Tips

1. "一言为定"表示以所说的话为准，不能更改。这句话常用来作为一种约定或承诺用语。类似的表达还有"一言既出，驷马难追"（一句话说出口，就是用四匹马拉的车也追不上。形容话说出来之后就无法再收回。）

"Yì yán wéi dìng" means a word once said can't be changed. This phrase is often used as a promise or faith. Similar phrases include "Yì yán jì chū, Sì mǎ nán zhuī" meaning a word once spoken cannot be overtaken even by a team of four horses——what is said cannot be unsaid.

2. 关于年龄的不同说法。在中文里，询问年龄的问句主要有两种："你多大了？"和"你几岁了？"。前者用处最为广泛，适合于询问各年龄段的人，而后者则只能用于询问孩子的年龄。另外，问老人的年龄时，还可以用"您

大爷，您今年高寿？

我八十有二啦

交际口语

今年高寿？"来表示尊敬。

Different ways to ask one's age. In Chinese there are mainly two ways to ask one's age："Nǐ duō dà le ?" and "Nǐ jǐ suì le ?" The former is most commonly used，suitable for asking people of all ages，while the latter is only used to ask children. In addition，when asking the age of the elderly，one can also say "Nín jīn nián gāo shòu ?"to show one's respect.

3. 属相。也称作"生肖"。用 12 种动物，即鼠、牛、虎、兔、龙、蛇、马、羊、猴、鸡、狗、猪来记人们出生的年。以农历年，也就是春节大年初一作为一年的开始。如 2006 年的春节就是狗年的开始，到 2007 年春节前结束。

Shǔxiàng, also called "shēngxiāo"，are the 12 symbolic animals（rat，ox，tiger，rabbit，dragon，snake，horse，sheep，monkey，rooster，dog，and pig）used to denote the year of one's birth. The beginning of the year of one's birth starts from the first day of the Spring Festival according to the Chinese lunar calendar. For example，the first day of the Spring Festival of 2006 is the beginning of the year of the dog，which will end before the Spring Festival of 2007 arrives.

2. 询问时间

必备用语
Key Expressions

Qǐng wèn，jǐ diǎn le
● 请问，几点了？

Excuse me, what's the time?

Xiàn zài jǐ diǎn le
◉ 现在几点了?
What time is it now?

情景对话
Situational Dialogues

1.

(At a bus stop, Li Sha is waiting for the bus. She looks worried. She looks at her watch and finds she has forgotten to put it on. So she asks a woman beside her.)

Lǐ Shā Qǐng wèn xiàn zài jǐ diǎn le
李 莎:请问,现在几点了?

Li Sha: Excuse me, what time is it now?

Nǚ shì Bā diǎn shí fēn
女 士:八点十分。

Woman: It's 8:10.

Lǐ Shā Xiè xie
李 莎:谢谢。

Li Sha: Thank you.

Nǚ shì Bú kè qi
女 士:不客气。

Woman: You're welcome.

(A moment later, the bus comes. Li Sha gets on the bus. Half an hour later, Li Sha gets off the bus and walks toward a building. Seeing the security guard at the gate, she hurries over to him and asks.)

Lǐ Shā Qǐng wèn xiàn zài jǐ diǎn le
李 莎:请问,现在几点了?

Li Sha: Excuse me, what time is it now?

交际口语

Mén wèi Duì bu qǐ wǒ méi dài biǎo
门 卫：对不起，我没戴表。

Security guard：Sorry，I'm not wearing my watch.

(Li Sha is waiting for the elevator. She asks a man the time.)

Lǐ Shā Duì bu qǐ nín zhī dào xiàn zài jǐ diǎn le ma
李 莎：对不起，您知道现在几点了吗？

Li Sha：Excuse me，do you know the time?

Nán shì Děng yí xià Tāo chū shǒu jī kàn Xiàn zài shì chà wǔ fēn
男 士：等一下。（掏出手机看。）现在是差五分

jiǔ diǎn
　　　 九点。

Man：Wait a moment.（He takes out a mobile phone
　　　 and looks at it.）It's five to nine.

Lǐ Shā Xiè Xie zǒng suàn méi yǒu chí dào
李 莎：谢谢，总 算没有迟到。

Li Sha：Thank you. I'm not late after all.

2.

(After work，Edward and Chen Chen are talking at the office. Manager Zhao opens the door and walks in.)

Zhào jīng lǐ Āi yō Nǐ men hái méi zǒu ne Zhèng hǎo
赵 经理：哎哟！你们还没走呢？正 好。

Manager Zhao：Oh，you haven't left yet? Good.

Chén Chén Zhào jīng lǐ yǒu shén me shì ma
陈 晨：赵 经理，有什么事吗？

Chen Chen：What's up，Manager Zhao?

Zhào jīng lǐ Kè hù sòng gěi wǒ liǎng zhāng yīn yuè huì de piào nǐ men wǎn
赵 经理：客户送给我两 张音乐会的票，你们晚

shang yǒu kòng ma
　　　 上有空吗？

Manager Zhao：A client gave me two concert tickets.
　　　 Do you have time this evening?

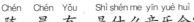

Chén　Chén　Yǒu　　Shì shén me yīn yuè huì
陈　晨：有。是什么音乐会？

Chen Chen：Yes，we have. What kind of concert is it?

Zhào jīng lǐ　　Shì jiè sān dà nán gāo yīn Běi jīng yǎn chàng huì
赵经理：世界三大男高音北京演唱会。

Manager Zhao：It's the Beijing Concert of the world's
top three tenors.

Ài dé huá　Tài bàng le　　Jǐ diǎn de
爱德华：太棒了。几点的？

Edward：Wonderful. What time does it begin?

Zhào jīng lǐ　　Qī diǎn bàn kāi yǎn　　zài rén mín dà huì táng
赵经理：七点半开演，在人民大会堂。

Manager Zhao：It begins at half past seven in the
Great Hall of the People.

Ài dé huá　　Lái de jí ma　　Xiàn zài jǐ diǎn le
爱德华：来得及吗？现在几点了？

Edward：Is there still time？What's the time now?

Zhào jīng lǐ　　Wǔ diǎn sì shí wǔ fēn　　Lái de jí
赵经理：五点四十五分。来得及。

Manager Zhao：It's five forty-five. There's still time.

Chén　Chén　Nà zánmen děi gǎn jǐn dòng shēn le
陈　晨：那咱们得赶紧动身了。

Chen Chen：Well，we'd better set off right away.

Ài dé huá　Hǎo ba　　Wǒ men zài lù shang shùn biàn mǎi ge hàn bǎo chī jiù
爱德华：好吧。我们在路上顺便买个汉堡吃就
xíng le
　　　行了。

Edward：All right. We'll grab a hamburger to eat on
the way.

Chén　Chén　Hǎo zhǔ yi　　Jiù zhè me bàn　　Xiè xie jīng lǐ
陈　晨：好主意。就这么办。谢谢经理。

Chen Chen：Good idea. Let's do that. Thank you

交际口语

manager.

Àì dé huá　　Zhào jīng lǐ　xiè xie　　Nǐ zhēn shì tài hǎo le
爱德华：赵 经 理，谢谢。你 真 是 太 好 了。

Edward：Manager Zhao，Thank you. You are really
　　　good.

Zhào jīng lǐ　Xiè shén me　kuài zǒu ba
赵 经 理：谢 什 么，快 走 吧。

Manager Zhao：Don't mention it. Just go quickly.

3.

(One afternoon，Adam and Linda are playing tennis.)

Yà　　dāng　Hǎo qiú
亚 当：好 球！

Adam：Good shot!

Lín　　dá　　Wǒ lèi le　xiē huìr　　ba
琳 达：我 累 了，歇 会 儿 吧。

Linda：I'm tired. Let's have a rest.

Yà　　dāng　Hǎo　Wǒ yě xiǎng hē diǎnr　　shuǐ
亚 当：好。我 也 想 喝 点 儿 水。

Adam：OK. I think I'll drink some water.

Lín　　dá　Xiàn zài jǐ diǎn le　　Nǐ dài biǎo le ma
琳 达：现 在 几 点 了？你 戴 表 了 吗？

Linda：What time is it now? Do you have a watch?

Yà　　dāng　Dài le　　Wǒ kàn kan　Wǒ de biǎo bú tài zhǔn　kě néng yǒu
亚 当：戴 了。我 看 看。我 的 表 不 太 准，可 能 有
diǎnr　　màn　Xiàn zài shì sì diǎn èr shí wǔ fēn
点 儿 慢。现 在 是 四 点 二 十 五 分。

Adam：Yes. Let me see. My watch is not accurate, it
　　　might be a bit slow. Now it's twenty-five past
　　　four.

Lín　　dá　　Wǒ de shǒu biǎo tǐng zhǔn de　　Yào bú yào duì yí xià
琳 达：我 的 手 表 挺 准 的。要 不 要 对 一 下？

Linda：My watch is accurate. Do you want to check

the time?

Yà dāng Hǎo ya Nǐ de biǎo xiàn zài shì jǐ diǎn
亚 当:好呀。你的表现在是几点?

Adam:OK. What's the time by your watch?

Lín dá Wǒ de biǎo shì sì diǎn sān shí sì fēn
琳 达:我的表是四点三十四分。

Linda:It's four thirty-four.

Yà dāng Wā màn le jiǔ fēn zhōng ne
亚 当:哇,慢了九分钟呢!

Adam:Wow, it's nine minutes late!

Lín dá Nǐ zuì hǎo jīng cháng duì duì biǎo miǎn de wù shì
琳 达:你最好经常对对表,免得误事。

Linda:You'd better set your watch frequently or else
your work or business might be delayed.

Yà dāng Méi cuò Nǐ zhī dào ma Wǒ jīng cháng chí dào
亚 当:没错。你知道吗?我经常迟到。

Adam:You're right. Do you know? I'm often late.

Lín dá Kě nǐ jīn tiān méi chí dào ya
琳 达:可你今天没迟到呀?

Linda:But you were not late today.

Yà dāng Hēi hēi nà yào kàn shì shén me shì le Zhòng yào de shì zán
亚 当:嘿嘿,那要看是什么事了。重要的事咱

cóng bù chí dào
从不迟到。

Adam:Well, it depends on the situation. I'm never
late for important things.

词 汇
Vocabulary

对话 1

请 qǐng / please

问　wèn / ask

现在　xiànzài / now

几点　jǐ diǎn / what time

分　fēn / minute

戴　dài / wear；put on

表　biǎo / watch

等一下　děng yí xià / wait a moment

差　chà / difference

总算　zǒngsuàn / finally

迟到　chídào / be late

对话 2

还没　háiméi / not yet

正好　zhènghǎo / just right

事　shì / affair

客户　kèhù / client

送给（某人）　sòng gěi / send (someone) sth.

两　liǎng / two

张　zhāng / piece

音乐会　yīnyuèhuì / concert

票　piào / ticket

晚上　wǎnshang / evening

世界　shìjiè / world

男高音　nángāoyīn / tenor

演唱会　yǎnchàng huì / vocal concert

棒　bàng / good

开演　kāiyǎn / begin

人民大会堂　Rénmín Dàhuìtáng / the Great Hall of

the People

来得及　lái de jí / there's still time

咱们　zánmen / we

赶紧　gǎnjǐn / rush

动身　dòngshēn / get off

路上　lù shang / on the way

顺便　shùnbiàn / by the way

买　mǎi / buy

个　gè / measure word

汉堡　hànbǎo / hamburger

吃　chī / eat

主意　zhǔyi / idea

办　bàn / do

对话 3

网球　wǎngqiú / tennis

歇　xiē / rest

一会儿　yíhuìr / a while

喝　hē / drink

水　shuǐ / water

看看　kànkan / see；have a look

不准　bùzhǔn / not accurate

有点儿　yǒudiǎnr / a bit，a little

慢　màn / slow

手表　shǒubiǎo / watch

挺　tǐng / very

对一下　duì yí xià / check

分钟　fēnzhōng / minute

最好　zuìhǎo / had better
经常　jīngcháng / frequently，often
对表　duìbiǎo / set one's watch
免得　miǎnde / lest
误事　wùshì/ cause delay in work or business
重要的　zhòngyào de/ important
咱　zán / I
从不　cóngbù / never

相关用语
Relevant Expressions

Láo jià　nín de biǎo jǐ diǎn zhōng le
◉ 劳驾,您的表几点 钟 了?
Excuse me，what's the time by your watch?

Duì bu qǐ　néng gào sù wǒ yí xià shí jiān ma
◉ 对不起,能 告诉我一下时间吗?
Excuse me，could you tell me the time?

语言文化小贴士
Language Tips

　　1. 在中文里表示时间的词有:点(钟)、分(钟)、秒(钟)、小时。注意,口语中,括号里的"钟"字常被省略。

　　In Chinese, time-related words include "diǎn "(o'clock)，"fēn "(minute)，"miǎo "(second)，and "xiǎo shí "(hour). Please notice that the word "zhōng "(o'clock) in brackets is often omitted in spoken language.

　　2. 用来计时的东西器具除了手表就是各种钟了,如挂钟、座钟、落地钟、闹钟。注意,送礼物时,不要选择钟,因为"钟"与"终"同音，否则"送钟"就成了"送终"了，这可是人们所忌讳的词。千万要记住哟！

Apart from watches, things that can be used to tell time include various clocks, such as "guàzhōng" (wall clock), "zuòzhōng" (timepiece), "luòdìzhōng" (grand-father clock), and "nàozhōng" (alarm clock). Please be careful when sending gifts. Don't give a clock because "zhōng" (clock) has the same sound as "zhōng" (death), and "sòng zhōng" (send a clock) will turn in-to "sòngzhōng" (attending upon a dying parent or other senior member of one's family), which is a taboo term. So keep it in mind.

3. 询问天气情况

必备用语
Key Expressions

Jīn tiān tiān qì rú hé
● 今天天气如何？
What's the weather like today?

Jīn tiān yǒu yǔ ma
● 今天有雨吗？
Is it going to rain today?

Jīn tiān duō shao dù
● 今天多少度？
What's the temperature?

Nǐ tīng tiān qì yù bào le ma
● 你听天气预报了吗？
Have you listened to the weather forecast?

交际口语

情景对话
Situational Dialogues

1.

(Early in the morning, Wang Hua is lying in bed and asks her husband about the weather.)

Wáng Huá Lǎo gōng jīn tiān tiān qì zěn me yàng
王 华：老公，今天天气怎么样？

Wang Hua：My dear，what's the weather like today?

Zhāng Xiǎo jūn Zǒu dào yáng tái shang Jīn tiān shì yīn tiān
张 晓军：（走到阳台上）今天是阴天。

Zhang Xiaojun：（walking to the balcony）Today is cloudy.

Wáng Huá Lěng ma
王 华：冷吗？

Wang Hua：Is it cold?

Zhāng Xiǎo jūn Bú tài lěng dàn yǒu fēng
张 晓军：不太冷，但有风。

Zhang Xiaojun：Not very cold，but windy.

Wáng Huá Jīn tiān duō shao dù
王 华：今天多少度？

Wang Hua：What's the temperature today?

Zhāng Xiǎo jūn Bù zhī dào
张 晓军：不知道。

Zhang Xiaojun：I don't know.

Wáng Huá Nǐ zuó tiān tīng tiān qì yù bào le ma
王 华：你昨天听天气预报了吗？

Wang Hua：Did you listen to the weather forecast yesterday?

Zhāng Xiǎo jūn Méi yǒu
张 晓军：没有。

Zhang Xiaojun：No.

Wáng Huá：Nà jiù dǎ diàn huà tīng yí xià tiān qì yù bào
王　华：那就打电话听一下天气预报。

Wang Hua：Well then，make a phone call and listen to it.

（Zhang Xiaojun is dialing and a sound comes from the phone.）

Diànhuà shēng yīn：Jīn tiān bái tiān， yīn， jiàng shuǐ gài lǜ Bǎifēngzhī sìshí， piān
电话声音：今天白天，阴，降水概率　40%　，偏

nán fēng sān sì jí zuì gāo qì wēn shí dù
南风3、4级，最高气温10度。

Jīn tiān yè jiān， qíng， jiàng shuǐ gài lǜ Bǎifēngzhī shí， nán
今天夜间，晴，降水概率　10%　，南

zhuǎn běi fēng yī èr jí zuì dī qì wēn líng xià sì dù
转北风1、2级，最低气温零下4度。

Míng tiān bái tiān， duō yún jiàn qíng， jiàng shuǐ gài lǜ
明天白天，多云间晴，降水概率……

Telephone：Today during the day，cloudy，with a 40 percent likelihood of precipitation，level 3 or 4 winds to the south，the highest temperature is ten degrees.

During the night，it will clear up，with a 10 percent likelihood of precipitation，level 1 or 2 winds turning from south to north，the lowest temperature is four degrees below zero.

During the day tomorrow，cloudy turning sunny，precipitation probability...

Zhāng Xiǎo jūn Tīng jiàn le ma
张　晓军：听见了吗？

Zhang Xiaojun：Did you hear it?

交际口语

Wáng Huá Tīngjiàn le   Zhè tiān hái děi chuān dà yī   zǎo wǎn hái tǐng liáng
王　华：听见了。这天还得穿大衣,早晚还挺凉
de
的。

Wang Hua：Yes. You need to wear a coat in weather
like this because it is rather cold in the
morning and evening.

2.

(At the office.)

Ài dé huá   Jīn tiān de tiān qì kě zhēn rè a
爱德华：今天的天气可真热啊。

Edward：It's extremely hot today.

Chén Chén Kě bú shì ma   Gāng gāng sì yuè fèn jiù zhè me rè le   xià
陈　晨：可不是吗。刚刚4月份就这么热了,夏
tiān kě zěn me huó ya
天可怎么活呀?

Chen Chen：Exactly. Already so hot and it's only the
beginning of April. How will we survive
the summer?

Ài dé há   Nà jiù kāi kōng tiáo ba
爱德华：那就开空调吧。

Edward：Well, turn on the air conditioner then.

Chén Chén Hǎo zhǔ yi   Nǐ men jiā nà li de qì hòu zěn me yàng
陈　晨：好主意! 你们家那里的气候怎么样?

Chen Chen：Good idea! How is the climate in your
hometown?

Ài dé huá Wǒ men nàr   de tiān qì kě hǎo le   xià tiān bú shì hěn rè
爱德华：我们那儿的天气可好了,夏天不是很热,
dōng tiān bú shì hěn lěng tǐng shū fu de
冬天不是很冷,挺舒服的。

Edward：The weather in my hometown is very good.
It's not so hot in the summer, and neither so

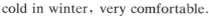

cold in winter, very comfortable.

Chén Chén：Nà nǐ shì yìng zhèr de qì hòu ma
陈　晨：那你适应这儿的气候吗？

Chen Chen：Well, are you used to the climate here?

Ài dé huá：Hái xíng, bú guò zhè lǐ de tiān qì tài gān zào le fēng shā dà
爱德华：还行，不过这里的天气太干燥了，风沙大
　　　　　le yì diǎnr
　　　　　了一点儿。

Edward：It's OK. But it is too dry here, and very
　　　　windy and dusty.

Chén Chén：Nán fāng de qì hòu bǐ zhè lǐ yào hǎo de duō Qì hòu shī
陈　晨：南方的气候比这里要好得多。气候湿
　　　　　rùn wēn nuǎn méi yǒu fēng shā
　　　　　润，温暖，没有风沙。

Chen Chen：The weather in the south is much better
　　　　　　than here. It's moist, warm, and there
　　　　　　are no sand storms.

Āi dé huá：Shì ma Zhǎo shí jiān yí dìng qù nán fāng wánr yì wánr
爱德华：是吗？找时间一定去南方玩儿一玩儿。

Edward：Really? I must find time to take a trip to the
　　　　south.

3.

（In a supermarket, Wang Tao encounters Eric by
accident.）

Wáng Tāo Hēi zhè bú shì Āi lǐ kè ma
王　涛：嘿，这不是埃里克吗？

Wang Tao：Hey, isn't that Eric?

Āi lǐ kè Ā Wáng Tāo shì nǐ ya Zhè me qiǎo Nǐ yě zài zhèr
埃里克：啊，王涛，是你呀。这么巧。你也在这
　　　　mǎi dōng xi
　　　　儿买东西？

Eric：Oh, Wang Tao. It's you. What a coincidence!

交际口语

> Do you also shop here?

Wáng Tāo : Shì a. Míngtiān yào chū qù wánr, suǒ yǐ dào zhèr mǎi
王 涛：是啊。明天要出去玩儿，所以到这儿买
diǎnr chī de hé yòng de
点儿吃的和用的。

Wang Tao：Yes. I'm going out tomorrow, so I came
here to buy some food and things.

Āi lǐ kè : Qù nǎr
埃里克：去哪儿？

Eric：Where are you going?

Wáng Tāo : Qù Gǔ běi kǒu Cháng chéng
王 涛：去古北口长城。

Wang Tao：The Great Wall at Gubeikou.

Āi lǐ kè : Zhēn de, wǒ yě xiǎng qù, néng dài shàng wǒ ma
埃里克：真的，我也想去，能带上我吗？

Eric：Really, I would like to go, too. Can you take me
with you?

Wáng Tāo : Nà hái yòng shuō, méi wèn tí
王 涛：那还用说，没问题。

Wang Tao：Certainly, no problem.

Āi lǐ kè : Míng tiān de tiān qì rú hé？ Huì xià yǔ ma
埃里克：明天的天气如何？会下雨吗？

Eric：What's the weather like tomorrow? Is it going to
rain?

Wáng Tāo : Tiān qì yù bào shuō míng tiān bái tiān duō yún zhuǎn yīn, bàng wǎn
王 涛：天气预报说明天白天多云转阴，傍晚
yǒu léi zhèn yǔ。 Nǐ zuì hǎo dài shàng yǔ sǎn huò yǔ yī，yǐ
有雷阵雨。你最好带上雨伞或雨衣，以
fáng wàn yī
防万一。

Wang Tao：The weather forecast says it will be cloudy
tomorrow, with thundershowers in the

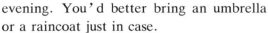

evening. You'd better bring an umbrella or a raincoat just in case.

Āi lǐ kè　　Hǎo de　　Nǐ men zěn me qù
埃里克：好的。你们怎么去？
Eric：OK. How are you going?

Wáng　Tāo　　Wǒ men kāi chē qù　　Zhè yàng，Nǐ zuò wǒ de chē qù　　Nǐ
王　涛：我们开车去。这样，你坐我的车去。你
liù diǎn zài Jiàn guó mén Sài tè dà shà mén kǒu děng wǒ　wǒ
六点在建国门赛特大厦门口等我，我
qù jiē nǐ hǎo ma
去接你好吗？

Wang Tao：By car. Well，you can ride in my car.
Please wait for me at six in front of Saite
Tower at Jianguomen. I'll pick you up
there，OK?

Āi lǐ kè　　Zhēn shì tài hǎo le　　Gòu gē menr　　Nà wǒ men yì　qǐ
埃里克：真是太好了。够哥们儿。那我们一起
mǎi dōng xi ba
买东西吧。

Eric：That's terrific. You're a true buddy. In that
case，let's shop together.

Wáng　Tāo　Lái ba
王　涛：来吧！
Wang Tao：Come on.

词　汇
Vocabulary

对话1

老公　lǎogōng / husband
天气　tiānqì / weather
怎么样　zěnmeyàng / how about

阴天　yīntiān / overcast

冷　lěng / cold

但　dàn / but

风　fēng / wind

多少　duōshao / how·many, how much

度　dù / degree

昨天　zuótiān / yesterday

听　tīng / listen to

天气　tiānqì / weather

预报　yùbào / forecast

白天　báitiān / day, daytime

阴　yīn / overcast

降水　jiàngshuǐ / precipitation

概率　gàilǜ / probability

偏　piān / partial, to (some direction)

南风　nánfēng / south wind

级　jí / grade, level

最高　zuìgāo / the highest

气温　qìwēn / temperature

夜间　yèjiān / night, nighttime

晴　qíng / clear

南　nán / south

转　zhuǎn / turn

北风　běifēng / north wind

最低　zuìdī / the lowest

零下　língxià / below zero

明天　míngtiān / tomorrow

多云　duōyún / cloudy

听见　tīngjiàn / hear

还得　háiděi / also have to

穿　chuān / wear；put on

大衣　dàyī / overcoat

凉　liáng / cold，cool

对话 2

热　rè / hot

刚刚　gānggāng / just now

月份　yuèfèn / month

夏天　xiàtiān / summer

活　huó / live

开　kāi / open，turn on

空调　kōngtiáo / air conditioner

家　jiā / home

那里　nàlǐ / there

气候　qìhòu / climate

舒服　shūfu / comfortable

适应　shìyìng / adapt

这里　zhèlǐ / here

干燥　gānzào / dry

风沙　fēngshā / windy and dusty

南方　nànfāng / south

好得多　hǎo de duō / much better

湿润　shīrùn / wet，moist

温暖　wēnnuǎn / warm

找时间　zhǎo shíjiān / find time

交际口语

一定　yídìng / must

对话 3

这儿　zhèr / here

买　mǎi / buy

东西　dōngxi / thing

出去　chūqù / go outing

所以　suǒyǐ / so

和　hé / and；with

用　yòng / use

哪儿　nǎr / where

长城　Chángchéng / the Great Wall

带上　dài shang / bring, take

如何　rúhé / how, what

会　huì / be able to，shall

下雨　xià yǔ / rain

说　shuō / say，tell

傍晚　bàngwǎn / evening

雷阵雨　léizhènyǔ / thundershower

雨伞　yǔsǎn / umbrella

雨衣　yǔyī / raincoat

以防万一　yǐfángwànyī / just in case

开车　kāi chē / drive

坐　zuò / sit

车　chē / car

门口　ménkǒu / at the door

等　děng / wait

接（某人）　jiē / pick（someone）up

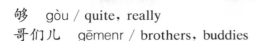

够　gòu / quite，really

哥们儿　gēmenr / brothers，buddies

相关用语
Relevant Expressions

Jīn tiān lěng ma
● 今天冷吗？
Is it cold today?

Jīn tiān rè bu rè
● 今天热不热？
Is it hot today?

Jīn tiān yǒu yǔ ma
● 今天有雨吗？
Will it rain today?

Wài miàn fēng dà ma
● 外面风大吗？
Is it very windy outside?

语言文化小贴士
Language Tips

1. 南方与北方。中国幅员辽阔，主要有南方、北方、沿海和内陆之分，因此，气候也大不相同。北方一般寒冷、干燥；南方炎热、湿润。由于气候的不同，使得南方人和北方人的性格也有差异。北方人通常表现为豪爽、性格刚直，而南方人则细腻、性格柔和。北方人说话多数都是大嗓门，而南方人则多数都是细声细气。不信，你可以亲自了解一下你周围的人。

South and North. China is a vast country, which

can be divided into south, north, coastal area and inland area. Therefore, there is a big difference in climate. In the north, it is usually cold and dry; while in the south it is hot and wet. The difference in climate makes the characteristics of people in the south and north different. People in the north are usually bold and unrestrained, and have straightforward characters, while people in the south are careful and have mild characters. Most people in the north speak loudly, while people in the south speak in a soft voice. If you don't believe it, you can look around you and see for yourself.

2. 春捂秋冻的说法。中国有句俗话:春捂秋冻,老了不生病。这就是说春天不要过早地脱去棉衣或厚衣服,而秋天不要过早地穿上厚衣服,要让身体接受一下冷空气的锻炼,这样年纪大了的时候才不会生病。这话还是有道理的,因为春天的天气变化无常,忽冷忽热,过早地脱掉厚衣服,遇冷时容易着凉感冒;而秋天,天气转凉,让肌肤受到一些冷空气的刺激,可以锻炼身体,为过冬做好准备。怎么样,这句俗话你记住了吗?

The saying "chūn wǔ qiū dòng". There is a saying in China:"Chūn wǔ qiū dòng , lǎo le bù shēng bìng ." It means one should not take off winter clothes too early in spring and should not put on heavy clothes too early in autumn, to let the body get more exercise in the cold air, this way one won't get sick when they get old. It sounds reasonable because the weather changes abruptly in spring, sometime cold and sometime hot. If one takes off one's winter clothes too early, they might catch a cold. In autumn, the weather turns cold.

If one's skin receives some stimulation from the cold air, they can exercise their body and get ready for the winter. So, can you remember the saying by now?

练　习
Exercises

1. 根据提示，口语完成对话。Complete the spoken dialogues according to the given parts.

1) 你是哪里人？

　　_____。

2) _____？
　　我今年 26 岁。

3) _____？
　　我有女朋友。

4) _____？
　　我还没有结婚。

5) 你在哪里工作？

　　_____。

2. 词语练习。请用下列词语完成句子。Complete the following sentences with the words given.

天气　听　多少　冷　有　今天

1) 今天_____如何？

2) 今天_____雨吗？

3) _____多少度？

4) 你_____天气预报了吗？

5) 今天_____吗？

3. 看图说话。(问答练习)Look and speak.(ask and answer questions)

4. 替换练习。Substitution Exercises.

1) 他是她的男朋友。＿＿＿＿＿＿＿是她的男朋友。（我、你）

2) 他是我丈夫。他是＿＿＿＿＿＿＿丈夫。（你、她）

3) 我妈妈是医生。我＿＿＿＿＿＿＿是医生。（爸爸、姐姐、弟弟、哥哥、朋友）

4) 你是干什么的？＿＿＿＿＿＿＿是干什么的？（他、她、你们、他们、她们）

5) 我喜欢喝酒。＿＿＿＿＿＿＿喜欢＿＿＿＿＿＿＿。（他、你、她、我们、你们、他们；/喝咖啡、喝可口可乐、聊天、上网、玩游戏、看电影、打扑克、蹦迪、跑步、爬山、游泳、打网球）

答案 Answers：

2.

1）天气　2）有　3）今天　4）听　5）冷

请　求
Unit 7　Requests

必备用语
Key Expressions

1) 请求的相关用语

◉ 我能打扰你一下吗。
Wǒ néng dǎ rǎo nǐ yí xià ma

Can I bother you for a second?

◉ 我能进来吗？
Wǒ néng jìn lái ma

Can I come in?

◉ 你能帮我一个忙吗？
Nǐ néng bāng wǒ yí ge máng ma

Would you do me a favor?

◉ 请你等一下，好吗？
Qǐng nǐ děng yí xià hǎo ma

Can you wait a moment，please?

2) 回答请求的相关用语

◉ 当然。
Dāng rán

Sure.

◉ 当然了。
Dāng rán le

交际口语

Of course.

Hǎo
● 好。

OK.

Bú jiè yì
● 不介意。

No, I don't mind.

Méi wèn tí
● 没问题。

No problem.

情景对话
Situational Dialogues

1.

(On a bus.)

Shòu piào yuán Shàng chē de tóng zhì qǐng wǎng lǐ zǒu méi piào de tóng zhì
售票员：上车的同志请往里走，没票的同志

qǐng nín mǎi piào
请您买票。

Conductor：Everyone who's gotten on the bus please move inside, and anyone who hasn't bought a ticket please buy one.

Yà   dāng Mǎi piào   Láo jià   má fan nín bāng wǒ dì yí xià xíng ma
亚　当：买票。劳驾，麻烦您帮我递一下行吗？

Bǎ qián jiāo gěi qián miàn de yí wèi chéng kè
（把钱交给前面的一位乘客。）

Adam：One ticket. Excuse me, would you please pass this to the conductor? (giving the money to a passenger in front of him)

Chéng Kè Bǎ piào dì gěi Yà dāng Gěi nǐ
乘 客：(把票递给亚当)给你。
Passenger：(giving the fare to Adam) Here you are.

Yà Dāng Xiè xie
亚 当：谢谢。
Adam：Thank you.

Chéng Kè Bú kè qi
乘 客：不客气。
Passenger：You're welcome.

(At this moment, an old man gets on the bus. The conductor turns to a young man saying：)

Shòupiàoyuán Duì bu qǐ nín néng gěi zhè wèi lǎo dà ye ràng yí xià zuò wèi
售票员：对不起，您能给这位老大爷让一下座位
ma
吗？
Conductor：Excuse me, could you give your seat to this
old uncle?

Chéng Kè Ō dāng rán kě yǐ
乘 客：噢，当然可以。
Passenger：Oh, of course.

Shòupiàoyuán Xiè xie
售票员：谢谢。
Conductor：Thanks.

(The bus will soon reach the terminal.)

Shòupiàoyuán Xiàn zài kāi shǐ jiǎn piào le qǐng nín bǎ chē yuè piào dǎ kāi
售票员：现在开始检票了，请您把车月票打开。
zǒu dào Yà dāng miàn qián Láo jià nín néng chū shì yí xià
(走到亚当面前)劳驾，您能出示一下
nín de chē piào ma
您的车票吗？
Conductor：Now I'm going to check your tickets.
Please show your monthly pass or bus tick-

交际口语

et. (Walking to Adam) Excuse me, would
you please show me your bus ticket?

Yà　dāng　Hǎo de　zài zhèr
亚　当：好的，在这儿。

Adam：OK. Here you are.

Shòupiàoyuán　Xiè xie
售票员：谢谢。

Conductor：Thank you.

2.

(Taking a taxi.)

Wáng Tāo　Shī fu　nín néng kāi yí xià hòu bèi xiāng ma　Wǒ fàng xíng li
王　涛：师傅，您能开一下后备箱吗？我放行李。

Wang Tao：Master, would you open the trunk please?
　　　　　I'm putting my luggage in it.

Chū zū chē sī jī　Chéng
出租车司机：成。

Taxi driver：All right.

Wáng　Tāo　Nín néng bǎ chē kāi jìn qù ma　Wǒ yào jiē yí ge rén
王　涛：您能把车开进去吗？我要接一个人。

Wang Tao：Would you drive inside? I'm picking some-
　　　　　one up.

Chū zū chē sī jī　Xíng
出租车司机：行。

Taxi driver：OK.

Wáng　Tāo　Shī fu　qǐng nín děng yí xià　hǎo ma　Tā mǎ shàng jiù dào
王　涛：师傅，请您等一下，好吗？她马上就到。

Wang Tao：Master, please wait a moment, will you?
　　　　　She is coming right away.

Chū zū chē sī jī　Méi wèn tí
出租车司机：没问题。

Taxi driver：No problem.

(Arriving at the airport.)

Wáng   Tāo   Dào le   Gěi nín qián   Nín néng bāng wǒ bǎ xíng li ná chū
王　涛：到了。给您钱。您能帮我把行李拿出
　　　　lái ma?
　　　　来吗?

Wang Tao：Here we are. Here is the money. Would
　　　　　you please help me take out the luggage?

Chū zū chē sī jī   Kě yǐ   Méi yǒu bié de dōng xi le ba
出租车司机：可以。没有别的东西了吧?

Taxi driver：Of course. Anything else?

Wáng   Tāo Méi le   xiè xie nín le   shī fu   Zài jiàn
王　涛：没了，谢谢您了，师傅。再见!

Wang Tao：No. Thank you，master. Bye.

Chū Zū Chē Sī Jī   Zài jiàn
出租车司机：再见!

Taxi driver：Bye.

3.

（At the office，Chen Chen has just answered the
phone.）

Chén   Chén   Ài dé huá   wǒ yǒu jí shì yào chū qù yí tàng
陈　晨：爱德华，我有急事要出去一趟。

Chen Chen：Edward，I have to go out for something
　　　　　　urgent.

Ài dé Huá   Yǒu shén me shì xū yào wǒ zuò de ma
爱德华：有什么事需要我做的吗?

Edward：Is there anything you need me to do?

Chén Chén   Zhèng hǎo   Nǐ néng bāng wǒ bǎ zhè ge wén jiàn fù yìn yí fèn
陈晨：正好! 你能帮我把这个文件复印一份
　　　　　ma
　　　　　吗?

Chen Chen：Right! Would you please help me make a
　　　　　　copy of this file?

交际口语

Ài dé huá　Xíng
爱德华：行。

Edward：OK.

Chén　Chén　Rán hòu jiāo gěi Zhào jīng lǐ　bài tuō le
陈　晨：然后交给赵经理，拜托了。

Chen Chen：Then give it to Manager Zhao，please.

Ài dé huá　Fàng xīn ba
爱德华：放心吧。

Edward：Don't worry.

(Edward walks to the door of Manager Zhao's office with the copied file in his hand.)

Ài dé huá　Wǒ néng jìn lái ma
爱德华：我能进来吗？

Edward：Can I come in?

Zhào jīng lǐ　Qǐng jìn　Shén me shì
赵经理：请进。什么事？

Manager Zhao：Yes，please. What's up?

Ài dé huá　Chén Chén ràng wǒ bǎ wén jiàn de fù yìn jiàn jiāo gěi nín
爱德华：陈晨让我把文件的复印件交给您。

Edward：Chen Chen asked me to give you this copied file.

Zhào jīng lǐ　Ō fàng zhèr ba　Xiè xie
赵经理：噢，放这儿吧。谢谢。

Manager Zhao：Oh，put it here. Thank you.

Ài dé huá　Bú kè qì
爱德华：不客气。

Edward：Not at all.

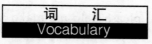

词　汇
Vocabulary

对话 1

上车　shàng chē / get on a bus

同志　tóngzhì / comrade

往　wǎng / toward

里　lǐ / inside

麻烦　máfan / trouble

您　nín / you

帮　bāng / help

递　dì / hand（v.）

能　néng / can

这位　zhèwèi / this

老大爷　lǎodàye / old man

让座位　ràng zuòwèi / give the seat to

一下　yíxià / an act or an attempt

可以　kěyǐ / can

开始　kāishǐ / begin

检票　jiǎnpiào / check tickets

车票　chēpiào / fare，bus ticket

月票　yuèpiào / monthly pass

打开　dǎkāi / open

出示　chūshì / show

对话 2

师傅　shīfu / master

开　kāi / open

后备箱　hòubèixiāng / back trunk

放　fàng / put

行李　xíngli / luggage

进去　jìnqù / enter；go in

交际口语

马上　mǎshàng / at once；immediately

就　jiù / right away

到　dào / come

钱　qián / money

拿　ná / take

出来　chūlái / out

别的　bié de / other

对话 3

急（事）　jí / urgent

趟　tàng / used of a trip，etc.，or a vehicle that makes a trip

需要　xūyào / need

正好　zhènghǎo / coincidentally

这个　zhège / this

文件　wénjiàn / file

复印　fùyìn / copy

份　fèn / piece

然后　ránhòu / then

交给　jiāogěi / hand（v.）

拜托　bàituō / request sb. to do sth.

放心　fàngxīn / relax

进来　jìnlái / come in

复印件　fùyìnjiàn / xerox copy

相关用语
Relevant Expressions

Nǐ néng bāng wǒ ná yí xià zhè ge ma
◉ 你能帮我拿一下这个吗？
Could you help me with this?

Bāng wǒ kāi yí xià mén chéng ma
◉ 帮我开一下门成吗？
Would you mind opening the door for me, please?

Qǐng bǎ nà ge dì gěi wǒ
◉ 请把那个递给我。
Please pass that to me.

Néng dā bǎ shǒu ma
◉ 能搭把手吗？
Could you give me a hand?

Néng bāng yì bǎ ma
◉ 能帮一把吗？
Could you assist me?

Nǐ yǒu shí jiān ma
◉ 你有时间吗？
Have you got a minute?

语言文化小贴士
Language Tips

　　1. 在汉语的口语里，最令人难以掌握的就是各种称谓语了。下面我就给大家归总一下，以方便记忆。

　　1) 对长者的称呼：大爷、大伯、大叔、大妈、大婶、大娘、叔叔、阿姨

　　2) 对陌生人的称呼：师傅、同志

3）对年轻的顾客或陌生人的称呼：大姐、大哥

4）对年幼的顾客或陌生人的称呼：小朋友、小弟弟、小妹妹

5）对男人的称呼：先生

6）对女人的称呼：女士、小姐

In spoken Chinese，the most difficult thing to learn are the various forms of address. I have summed up some below for you to remember.

1）To the elderly：dàye，dàbó，dàshū，dàmā，dàshěn，dàniáng，shūshu，āyí

2）To a stranger：shīfù，tóngzhì

3）To a young customer or stranger：dàjiě，dàgē.

4）To a child：xiǎopéngyǒu，xiǎo dìdi，xiǎo mèi mèi

5）To a man：xiānsheng

6）To a woman：nǚshì

2.“一下”的用法。在汉语口语中“一下”这个词的使用频率很高。它有两个意思：一个表示做一次或试着做，一般用在动词的后面，如“递一下”、“让一下”、“出示一下”、“开一下”。另一个表示短暂的时间，如“等一下”、“一下来了两辆车”、“他一下吃了两个汉堡包”。本章节出现的基本是第一种意思。

Usage of “yíxià”（once）：In spoken Chinese，the word “yí xià”is frequently used. It has two meanings：one indicates an act on or an attempt used after a verb，for example，“dì yí xià”（pass it down），“ràng yí xià”（let me pass），“chūshì yí xià”（show it），“kàn yí xià”（open it）；another indicates a short while，such as “děng yí xià”（wait a moment），“yí xià lái le liǎng liàng chē”（two buses came at once），“tā yí xià chī le

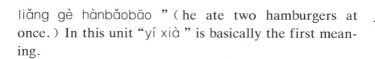

liǎng gè hànbǎobāo ”（he ate two hamburgers at once.）In this unit "yí xià" is basically the first meaning.

练　习
Exercises

1. 词语练习。请用"**一下**"完成下列句子。**Please complete the following sentences with "一下".**

1）我能打扰你_____吗？

2）这本书让他看_____。

3）劳驾，帮我拿_____，我来开门。

4）你在这里等_____，我去叫她。

5）你能来_____吗？我有事找你。

2. 词语练习。请选择适当的词语填空。**Choose the right words to fill in the blanks.**

开始　车票　打开　马上　交给

1）这是你的行李？能_____吗？

2）没有_____的同志，请您买票。

3）等一会儿，汽车_____就到。

4）你能把这个_____我吗？

5）我们什么时候_____学习？

3. 请选择适当的句子完成对话。**Choose the right sentences to complete the dialogues.**

1）你能帮我开一下门吗？

_____。

2）请你先别走，我马上就回来。

_____。

3）我把门打开，你介意吗？

_____。

4）您能往里一点儿吗？

_____。

5）我能跟他说句话吗？

_____。

答案 Answers：

2.

1）打开　2）车票　3）马上　4）交给　5）开始

3.

1）当然了。　2）好。　3）不介意。　4）没问题。

5）当然可以。

拒　绝
Unit 8 Refusals

必备用语
Key Expressions

● Wǒ néng dǎ rǎo nǐ yí xià ma
我能打扰你一下吗。
Can I bother you for a second?

● Duì bu qǐ wǒ xiàn zài méi kòng
对不起，我现在没空。
Sorry，I'm busy right now.

● Nǐ néng bāng wǒ yí ge máng ma
你能帮我一个忙吗？
Would you do me a favor?

● Bào qiàn děng yí xià
抱歉，等一下。
Sorry，wait a second.

● Nǐ néng bāng wǒ ná yí xià zhè ge ma
你能帮我拿一下这个吗？
Could you help me with this?

● Wǒ bù xíng bào qiàn
我不行，抱歉。
I can't，sorry.

交际口语

1.

（Wang Hua is making dinner at home. The doorbell rings.）

Wáng Huá Shuí ya   qù kāi mén
王 华：谁呀？（去开门）

Wang Hua：Who is it？（opens the door）

Lín   jū Dà jiě   wǒ néng dǎ rǎo nǐ yí xià ma   Nǐ jiā yǒu chuí zǐ
邻 居：大姐，我能打扰你一下吗？你家有锤子
      ma   jiè wǒ yòng yong
      吗，借我用 用？

Neighbor：Sister，can I bother you for a second？ Have
         you got a hammer？ Can I borrow it？

Wáng   Huá Duì bu qǐ   wǒ men jiā méi yǒu
王 华：对不起，我们家没有。

Wang Hua：I'm sorry. We haven't got one.

（A moment later，the doorbell rings again.）

Wáng Huá Shuí ya   qù kāi mén
王 华：谁呀？（去开门）

Wang Hua：Who is it？（opens the door）

Mò shēng nǚ háir   Ā yí   nín néng bāng wǒ ge máng ma   Wǒ men zài
陌 生 女 孩 儿：阿姨，您能 帮 我个 忙 吗？我们在
             zuò shì chǎng diào chá nín néng tián yí xià zhè ge wèn
             做市 场 调查，您能 填一下这个问
             juàn ma
             卷吗？

A strange girl：Aunty，would you do me a favor？ We'
              re doing market research. Could you
              fill in this questionnaire？

Wáng   Huá Bù xíng   wǒ xiàn zài méi kòng
王 华：不行，我现在没 空。

Wang Hua：No，I can't. I don't have time now.

Mò shēng nǚ háir　　Duì bu qǐ　dǎ rǎo le
陌 生 女孩儿：对不起，打扰了。

Strange girl：I'm sorry for bothering you.

2.

（Wang Tao is coming to ask Eric for help.）

Wáng　Tāo　Āi lǐ kè　nǐ néng bāng wǒ ge máng ma
王　涛：埃里克，你能 帮我个忙吗？

Wang Tao：Eric，Could you give me a hand?

Āi lǐ kè　Shén me máng　Jǐn guǎn shuō
埃里克：什么忙？尽管说。

Eric：What is it? Say it.

Wáng　Tāo Wǒ xiě le yì piān bào dào　nǐ néng bāng wǒ fān yì chéng yīng
王　涛：我写了一篇报道，你能 帮我翻译成 英

wén ma
文吗？

Wang Tao：I wrote a report. Could you help me trans-
　　　　　late it into English?

Āi lǐ kè　Zhēn bù hǎo yì si　wǒ zuì jìn de shì tǐng duō　kǒng pà bù
埃里克：真不好意思，我最近的事挺多，恐怕不

xíng
行。

Eric：I'm so sorry. I'm pretty busy right now. I'm a-
　　　fraid I won't be able to do it.

Wáng　Tāo Néng chōu kòng zuò ma　Bài tuō　shì yì jiā Měi guó bào shè yào
王　涛：能 抽 空 做吗？拜托，是一家美国报社要

yòng
用。

Wang Tao：Could you make time to do it? Please，it's
　　　　　an American newspaper agency that wants
　　　　　to use it.

Āi lǐ kè   Wén zhāng yǒu duō cháng
埃里克：文章有多长？

Eric：How long is it?

Wáng Tāo Bú shì hěn cháng dà yuē yǒu yīqiān zì zuǒ yòu Hēi wǒ kě
王　涛：不是很长，大约有1000字左右。嘿，我可
yǐ fù gěi nǐ fān yì fèi
以付给你翻译费。

Wang Tao：Not very long, about 1,000 characters.
　　　　　 Hey, I can pay you a translation fee.

Āi lǐ kè   Zhè shì shén me huà   Nǐ shuō dào nǎr   qù le   Zán men
埃里克：这是什么话。（你说到哪儿去了。）咱们
shì péng you a   Nǐ shén me shí hou yào
是朋友啊。你什么时候要？

Eric：What are you talking about? We are friends.
　　　When do you want it?

Wáng　Tāo   Míng tiān
王　涛：明天。

Wang Tao：Tomorrow.

Āi lǐ kè   Míng tiān bù xíng hòu tiān ba
埃里克：明天不行，后天吧？

Eric：No, tomorrow is no good. What about the day
　　　after tomorrow?

Wáng　Tāo   Nà hǎo ba
王　涛：那好吧。

Wang Tao：Well okay then.

Āi lǐ kè   Jiù zhè yàng wán le wǒ dǎ diàn huà gěi nǐ
埃里克：就这样，完了我打电话给你。

Eric：Settled. When it's done, I'll give you a call.

Wáng　Tāo   Bài tuō le   zài jiàn
王　涛：拜托了，再见！

Wang Tao：Thank you. Bye.

Āi lǐ kè   Zài jiàn
埃里克：再见！

Eric：Bye.

词　汇
Vocabulary

对话 1

谁　shuí / who

大姐　dàjiě / elder sister

锤子　chuízi / hammer

借　jiè / borrow

用　yòng / use

阿姨　āyí / aunty

帮忙　bāngmáng / help

市场　shìchǎng / market

调查　diàochá / research

填　tián / fill；fill in

问卷　wènjuàn / questionnaire

没空　méikòng / have no time

对话 2

尽管　jǐnguǎn / although

写　xiě / write

篇　piān / piece

报道　bàodào / report

翻译　fānyì / translate

英文　yīngwén / English

意思　yìsi / meaning

最近　zuìjìn / lately

恐怕　kǒngpà / be afraid

抽空　chōukòng / make time, find time

拜托　bàituō / please

文章　wénzhāng / article

长　cháng / long

大约　dàyuē / about

字　zì / word, character

左右　zuǒyòu / about, around

付给你　fù gěi nǐ / pay you

费　fèi / fee, money

话　huà / saying, word

时候　shíhou / moment, time

后天　hòutiān / the day after tomorrow

完了　wán le / over

相关用语
Relevant Expressions

Duì bu qǐ
● 对不起。
Sorry.

Wǒ zhèng máng zhe ne
● 我正忙着呢。
I'm busy right now.

Děnghuìr　zài shuō
● 等会儿再说。
Just wait.

Wǒ tīng bù dǒng
● 我听不懂。

I don't understand what you say.

Wǒ bú huì
◉ 我不会。
I don't know how.

Wǒ bù néng
◉ 我不能。
I can't.

Wǒ bù xíng
◉ 我不行。
I'm not able to.

语言文化小贴士
Language Tips

1. 中国人好面子，说话一般很含蓄。所以，在拒绝对方时会用"我很忙，我不太会，等一会儿"作为托词。

Chinese people care about face, so they usually speak implicitly. When rejecting others, they might use "I'm very busy", "I don't know how", or "wait a second" as an excuse.

2. 按照中国的传统习惯，朋友之间十分讲究义气，对朋友所求的事情不应该讲价钱。所以，当请求一方说出报答或感恩的话时，通常可以用"这是什么话。"或"你说到哪儿去了。""说什么呢。""见外了。"等来回答，以表示你跟对方的关系很好。

According to Chinese traditional customs, people attach great importance to personal loyalty between friends. They think there is no need to discuss money when a friend is asking for help. So when someone says

something about repayment or gratitude，the lender u-
sually replies with"What do you mean?"or，"Why are
you saying this?"，"What are you talking about?"，"You
think I'm a stranger?" in order to show that the two
people have a close relationship.

练　习
Exercises

1. 词语练习。请用"能"完成下列句子。**Complete
the following sentences with the word "能".**

1) 我_____打扰你一下吗？

2) 我_____进来吗？

3) 你_____帮我一个忙吗？

4) _____等我 5 分钟吗？

5) 我_____坐在这里吗？

2. 请用下列词组成三个含有拒绝用语的小对话。
Please make three mini talks of refusals with the following

words.

借　没空　抽空　时候　恐怕

3. 熟练掌握本单元对话，并进行角色扮演。Learn the dialogues of the unit by heart, and do the role play.

拒绝Refusals

交际口语

TALK CHINESE

交际口语

提供帮助
Unit 9 Offers

必备用语
Key Expressions

1) 提供帮助

Wǒ lái bāng nín

◉ 我来帮您。

Let me help you.

Wǒ néng bāng nín ma

◉ 我能帮您吗?

Can I help you?

Xū yào bāng máng ma

◉ 需要帮忙吗?

Do you need help?

Nín xū yào diǎnr shén me

◉ 您需要点儿什么?

How can I help you?

2) 接受帮助

Hǎo xiè xie

◉ 好,谢谢。

OK, thank you.

Shì de

◉ 是的。

138

Yes.

Qǐng nín bāng wǒ
● 请您帮我……

Would you please help me with . . .

3）婉言谢绝

Bú yòng le   xiè xie
● 不用了,谢谢。

No，thank you.

Bú yòng le   wǒ néng xíng
● 不用了,我能行。

No，I can manage.

Méi shìr   de
● 没事儿的。

That's all right.

情景对话
Situational Dialogues

1.

(On the street，two foreigners are looking at a map.)

Lù   rén   Xū yào bāng máng ma
路 人:需要帮 忙吗?

Passerby：Do you need help?

Nán wài guó rén   Shì de   wǒ men yào qù Yōng hé gōng
男外国人:是的,我们要去雍和宫。

Male foreigner：Yes. We want to go to Yonghegong,
the Lama Temple.

Lù   rén   Yōng hé gōng zài zhèr   zhǐ zhe dì tú   Nǐ men xiàn zài zài
路 人:雍和宫在这儿。(指着地图)你们 现在在

交际口语

　　zhèr
这儿。

Passerby：Yonghegong is here. （pointing at the map）
　　　　　You are here now.

Nǚ wài guó rén　Ō　zhǎo dào le　　Lí nà lǐ bù yuǎn le
女外国人：噢，找 到 了。离 那里 不 远 了。

Female foreigner：Oh, I see. We're close to it.

Lù　　rén　Zài guò liǎng tiáo jiē　yòu zhuǎn　zhí zǒu yìbǎi mǐ jiù dào le
路　人：再 过 两 条 街，右 转，直 走100米就到了。

Passerby：Cross two more streets, turn right, and go
　　　　　straight for 100 meters. That's it.

Nán wài guó rén　Fēi cháng gǎn xiè
男外国人：非 常 感 谢。

Male foreigner：Thank you so much.

Lù　rén　Bú kè qi
路　人：不客气。

Passerby：My pleasure.

2.

（Linda is taking her bicycle out, but unfortunately
knocks down many other bicycles. ）

Lín　　dá　Āi ya
琳　达：哎呀!

Linda：Ooops!

Xiǎo huǒ zi　Wǒ lái bāng nǐ
小伙子：我来帮你。

Young man：Let me help you.

Lín　　dá　Xiè xie　　Qǐng nǐ bāng wǒ fú zhe zhè ge
琳　达：谢谢。请你帮我扶着这个。

Linda：Thank you. Please help me hold this one.

Xiǎo huǒ zi　Hǎo de　　Xiǎo xīn diǎnr
小伙子：好的。小心点儿。

Young man：OK. Be careful.

Lín dá：Méi shìr　　Wǒ néng xíng
琳　达：没事儿。我 能 行。

Linda：That's all right. I can manage.

Xiǎo huǒ zi：Hǎo le　　Wǒ lái fú ba
小伙子：好了。我来扶吧。

Young man：Well，let me hold them up.

Lín dá：Bú yòng le　　Wǒ bǎ zhè ge fú qǐ lái jiù xíng le　　Duō xiè
琳达：不用了。我把这个扶起来就行了。多谢

le
了。

Linda：No，no. If I hold this up it will be fine. Thanks
　　　a lot.

Xiǎo huǒ zi　　Bú yòng xiè
小伙子：不用谢。

Young man：You're welcome.

3.

（At a shop.）

Shòu huò yuán：Nín xū yào diǎnr　　shén me
售货员：您需要 点儿 什么？

Salesperson：What can I do for you?

Lín　dá：Bú yòng，wǒ suí biàn kàn kan
琳　达：不用，我随便 看看。

Linda：Nothing. I'm just looking.

Shòu huò yuán：Nín shì xiǎng gěi zì jǐ mǎi hái shì gěi bié ren mǎi
售货员：您是 想 给自己买还是给别人买？

Salesperson：Do you want to buy something for your-
　　　　　　self or someone else?

Lín　dá：Gěi zì jǐ mǎi
琳　达：给自己买。

Linda：For myself.

Shòu huò yuán：Nín xiǎng kàn shén me　　wǒ kě yǐ bāng nín ná chū lái
售货员：您想 看什么，我可以帮您拿出来？

Salesperson：What are you looking for? I can take it out for you.

Lín dá Xiān bú yòng xiè xie
琳 达：先不用，谢谢。

Linda：No，not now. Thanks.

4.

（Wang Tao and Eric are at a café）.

Fú wù yuán Èr wèi xiǎng lái diǎnr shén me
服务员：二位想来点儿什么？

Waiter：What would you two like?

Wáng Tāo Liǎng bēi kā fēi
王 涛：两杯咖啡。

Wang Tao：Two cups of coffee.

Fú wù yuán Yào nǎi hé táng ma
服务员：要奶和糖吗？

Waiter：With milk and sugar?

Wáng Tāo Zhuǎn xiàng Āi lǐ kè Nǐ yào ma
王 涛：（转 向埃里克）你要吗？

Wang Tao：（turning to Eric）Do you want milk and sugar?

Āi lǐ kè Yào nǎi bú yào táng
埃里克：要奶，不要糖。

Eric：Milk，but no sugar.

Wáng Tāo Yì bēi jiā nǎi jiā táng yì bēi jiā nǎi bù jiā táng
王 涛：一杯加奶加糖，一杯加奶不加糖。

Wang Tao：One with milk and sugar，and one with milk but no sugar.

词 汇
Vocabulary

对话 1

在 zài / in; at

找到 zhǎodào / find

离 lí / away, off

远 yuǎn / far

再 zài / again

过 guò / cross

条 tiáo / strip

街 jiē / street

右转 yòuzhuǎn / turn right

直走 zhízǒu / go straight

米 mǐ / meter

对话2

扶 fú / help sb. up, support someone

小心 xiǎoxīn / careful

没事 méishì / that's all right

行 xíng / OK.

不用 búyòng / don't need

起来 qǐlái / up

对话3

随便 suíbiàn / as you like

自己 zìjǐ / oneself

买 mǎi / buy

别人 biéren / others

对话4

二位 èrwèi / you two

咖啡 kāfēi / coffee

奶 nǎi / milk

交际口语

糖　táng / sugar

加　jiā / add

相关用语
Relevant Expressions

Wǒ néng wèi nín zuò shén me
● 我能为您做什么？
What can I do for you?

Tài má fan nǐ le
● 太麻烦你了。
It's too much trouble for you.

Bú yòng má fan nǐ le
● 不用麻烦你了。
No need to bother you.

Bié kè qi le wǒ lái ba
● 别客气了，我来吧。
Don't stand on ceremony. Let me do it.

语言文化小贴士
Language Tips

　　中国人十分客气，一般不愿麻烦别人，所以通常婉言谢绝别人的帮助。因此，才会有这样的表达——"死要面子活受罪"。例如：这件事如果你做起来有困难，就请人帮一下。别死要面子活受罪。

　　Chinese people are very polite, and usually don't like to make trouble for others, so they often refuse other's help with gentle words. Therefore such expression of "sǐ yào miànzi huó shòu zuì"（one suffers from

living death just to save face.）For example：If you have difficulties in doing something，you can ask for help. Don't suffer from living death just to save face.

练 习
Exercises

1. 根据场景进行对话。Make a dialogue according to the situation.

1）在街上,看见有人迷路了。

2）在咖啡馆。

3）在商店。

2. 词语练习。请用"需要、要"完成句子。Complete the following sentences with "需要" and "要".

1）您_____去哪儿?

2）那位老人_____帮助。

3）他想_____一杯水。

4）这里有谁_____帮助?

5）我_____谢谢你,你真是帮了我一个大忙。

3. 选择正确的句子完成对话。Choose the right sentences to complete the following dialogues.

交际口语

1）您需要点儿什么？

　　_____。

　　A. 小心点。

　　B. 不用，谢谢。

　　C. 很好，谢谢。

2）请你帮我扶着这个。

　　_____。

　　A. 好的。

　　B. 不用了。

　　C. 谢谢。

3）想要这个吗？我可以帮您拿出来。

　　_____。

　　A. 不好。

　　B. 先不用的。

　　C. 不客气。

4）_____。

　　谢谢。

　　A. 我来帮你。

　　B. 你需要什么？

　　C. 请帮我拿一下，好吗？

答案 Answers：

2.

1）要　2）需要　3）要　4）需要　5）要、需要

3.

1）B　2）A　3）B　4）A

接　待
Unit 10 Reception

1. 接待用语

必备用语
Key Expressions

Huānyíng
◉ 欢迎。
Welcome.

Huān yíng lái wǒ jiā
◉ 欢迎来我家。
Welcome to my home.

Zhè biān qǐng
◉ 这边请。
Come this way, please.

Qǐng jìn
◉ 请进。
Come in, please.

Qǐng zuò
◉ 请坐。
Please have a seat.

Wǒ men hěn gāo xìng nǐ men néng lái
◉ 我们很高兴你(们)能来。

交际口语

We're pleased you could come.

情景对话
Situational Dialogues

1.

（Adam and his schoolmates visit a sewage treatment plant.）

Chǎng zhǎng　Huān yíng　huān yíng　Yí lù xīn kǔ le
厂　　长：欢　迎，欢　迎。一路辛苦了。

Factory director：Welcome，welcome. Did you all have
　　　　　　　　　a hard（tired）trip?

Yà　Dāng　Bù xīn kǔ　Nǐ hǎo　nǐ hǎo
亚　当：不辛苦。你好，你好。

Adam：Not really. How do you do. How do you do.

Chǎng zhǎng　Lái　dà jiā lǐ bian qǐng　Jìn wū hē diǎnr　shuǐ
厂　　长：来，大家里边请。进屋喝点儿水。

Factory director：Come on in. Have something to
　　　　　　　　　drink in the room.

Tóng xué men　Xiè xie
同学们：谢谢。

Students：Thank you.

Chǎng zhǎng　Tóng xué men　lǎo shī men　nǐ men hǎo　Wǒ shì wū shuǐ chǔ
厂　　长：同学们，老师们，你们好！我是污水处
lǐ chǎng de chǎng zhǎng　jiào Lǐ Tiě yīng　Shǒu xiān wǒ
理厂的厂　长，叫李铁英。首先，我
dài biǎo chǎng li de quán tǐ yuán gōng duì nǐ men de dào
代表厂里的全体员工对你们的到
lái biǎo shì rè liè huān yíng
来表示热烈欢　迎。

Factory director：Hello，students and teachers. I'm
　　　　　　　　　the director of the sewage treatment

plant. My name is Li Tieying. First of all，let me represent all the staff of the plant in welcoming you warmly.

2.

（Eric goes to a company to work in advertising.）

Qián tái Qǐng wèn nǐ zhǎo nǎ wèi
前 台：请 问你找哪位？

Receptionist：Excuse me，what can I do for you?

Āi lǐ kè Wǒ zhǎo Zhōu Dà wéi
埃里克：我找 周大维。

Eric：I'm looking for Zhou Dawei.

Qián tái Nǐ gēn tā yuē hǎo le shì ma
前 台：你跟他约好了，是吗?

Receptionist：You have an appointment with him，right?

Āi lǐ kè Shì de yuē zài liǎng diǎn bàn jiàn miàn
埃里克：是的，约在 两 点半见 面。

Eric：Yes，at half past two.

Qián tái Qǐng nǐ shāo děng yí xià
前 台：请你稍 等一下。

Receptionist：Wait a second，please.

Zhōu Dà wéi Nǐ shì Āi lǐ kè ma Wǒ shì Zhōu Dà wéi Huān yíng nǐ
周大维：你是埃里克吗？我是周大维。 欢 迎你
lái Duì bu qǐ ràng nǐ jiǔ děng le
来。对不起，让你久 等了。

Zhou Dawei：Are you Eric? I'm Zhou Dawei. Welcome to my company. I'm sorry to keep you waiting.

Āi lǐ kè Méi guān xi Wǒ gāng dào yí huìr
埃里克：没关系，我刚到一会儿。

Eric：It's nothing. I only arrived a moment ago.

Zhōu Dà wéi   Zǒu ba   qù wǒ bàn gōng shì tán   Zhè biān qǐng
周大维：走吧，去我办公室谈。这边请。

Zhou Dawei：Come on, let's go to my office. This
way, please.

3.

(Linda and Adam come to Wang Hua's home.)

Mén líng xiǎng
（门铃 响）

Doorbell rings.

Wáng   Huá   Shuí ya
王 华：谁呀？

Wang Hua：Who is it?

Lín   dá   Shì wǒ   Lín dá
琳 达：是我，琳达。

Linda：It's me, Linda.

Wáng   Huá   Lái le
王 华：来了。

Wang Hua：You're here!

Lín   dá   Hēi   Wáng Huá   nǐ hǎo
琳 达：嘿，王华，你好！

Linda：Hey, Wang Hua. Hello.

Wáng   Huá   Lín dá   nǐ men néng lái wǒ tài gāo xìng le   Kuài qǐng jìn
王 华：琳达，你们 能 来我太高 兴了。快 请进。

Wang Hua：Linda，I'm so glad you could come. Please
come in quickly.

Lín   dá   Yòng huàn xié ma
琳 达：用 换鞋吗？

Linda：Shall I change into slippers?

Wáng   Huá   Bú yòng huàn   Bié kè qi
王 华：不用 换。别客气。

Wang Hua：No, you needn't. Don't bother with that.

Zhāng Xiǎo jūn　Huān yíng nǐ men lái wǒ jiā wánr　　　Qǐng zuò
张 晓军：欢 迎你们来我家玩儿。请 坐。

Zhang Xiaojun：Welcome to my home. Please sit down.

Lín　dá　Zhè shì Yà dāng　wǒ de péng you　　Yà dāng　zhè shì Zhāng Xiǎo
琳 达：这是亚当，我的朋友。亚当，这是张 晓
jūn　zhè shì Wáng Huá
军，这是王 华。

Linda：This is Adam，my friend．Adam，this is Zhang Xiaojun，and this is Wang Hua．

Yà　dāng　Nǐ men hǎo　Jiàndào nǐ men hěn gāo xìng
亚 当：你们 好。见 到你们很高 兴。

Adam：How do you do．Nice to meet you．

Wáng　Huá　Nǐ men hē shén me　chá hái shì kā fēi
王 华：你们喝什么，茶还是咖啡？

Wang Hua：What do you want to drink，tea or coffee？

Lín　dá　Chá
琳 达：茶。

Linda：Tea，please．

Zhāng Xiǎo jūn　　　Duì Yà dāng　Nǐ zài Běi jīng gōng zuò hái shi xué xí
张 晓军：(对亚当)你在北京工 作还是学习？

Zhang Xiaojun：(to Adam) Are you working or studying in Beijing？

Yà　dāng　Wǒ zài shàng xué
亚 当：我在上 学……

Adam：I'm studying...

词　汇
Vocabulary

对话1

欢迎　huānyíng / welcome

交际口语

一路　yílù / all the way

辛苦　xīnkǔ / hard, toilsome

大家　dàjiā / everybody

里边　lǐbian / inside

进　jìn / enter; get into

屋　wū / room

同学们　tóngxuémen / students

老师们　lǎoshīmen / teachers

污水　wūshuǐ / sewage

处理　chǔlǐ / disposal, treatment

厂　chǎng / plant, factory

厂长　chǎngzhǎng / factory director

首先　shǒuxiān / first of all

代表　dàibiǎo / represent

全体　quántǐ / all

员工　yuángōng / stuff

对　duì / to

到来　dàolái / arrival

表示　biǎoshì / express

热烈　rèliè / warm

对话 2

哪位　nǎwèi / which one

跟　gēn / with

约　yuē / make an appointment

见面　jiànmiàn / meet

半　bàn / half

稍等　shāoděng / wait for a while

久等　jiǔděng / wait for a long time

一会儿　yíhuìr / a moment，a while

办公室　bàngōngshì / office

谈　tán / talk

这边　zhèbiān / this side

对话 3

换　huàn / change

鞋　xié / shoe

别　bié / don't

客气　kèqi / stand on ceremony

茶　chá / tea

还是　háishi / also

学习　xuéxí / study

上学　shàngxué / go to school

相关用语
Relevant Expressions

Bié zhàn zhe

◉ 别站着。

Don't stand.

Qǐng wū li zuò

◉ 请屋里坐。

Please come in and sit.

Suí biàn diǎnr　bié jū jǐn

◉ 随便点儿，别拘谨。

Suit yourself. Don't be ill at ease.

Jiù xiàng zài zì jǐ jiā yí yàng

◉ 就像在自己家一样。

Do as you please.

Nǐ kě yǐ sì chù kàn kan
● 你可以四处看看。
You can walk around.

Qǐng hē chá
● 请喝茶。
Please have some tea.

Qǐng chī shuǐ guǒ
● 请吃水果。
Please have some fruit.

Qǐng biàn
● 请便。
Do as you wish.

Wǒ néng cānguān yí xià ma
● 我能参观一下吗?
Can I look around?

Néng yòng yí xià wèi shēng jiān ma
● 能用一下卫生间吗?
May I use your bathroom?

语言文化小贴士
Language Tips

1. 做客的礼仪

1) 备点儿小礼物。到朋友家做客时,一般不要空着手去,最好准备点儿小礼物、本国或本地区的特产或买些水果、食品等。注意不要送特别贵重的礼物。

2) 客随主便。到了朋友家以后,要听从主人的安排,不要乱动主人家的东西,不经允许不要随便进入主人的卧室或其他房间。

请喝水

谢谢

1. Visiting protocol

1) Prepare some small gifts. When visiting a friend's home, one seldom goes without a gift. You should better prepare some small gifts such as specialties either from your country or from the local area, or simply buy some fruits and food. But don't give very expensive things as gifts.

2) A guest should suit the convenience of the host. After arriving at your friend's home, you should obey the host's arrangements and not touch anything at the host's home. You cannot enter the host's bedroom or other rooms without permission.

2. 待客礼仪

客人来了时,主人应立刻招呼客人进门,让座,并且给客人端茶倒水。注意给客人使用的茶杯一定要干净,最好用一次性的纸杯。最好在卫生间里准备一条干净的毛巾,让客人擦手用。最常用的待客三句话就是:"请进"、"请坐"、"请喝水"。

2. Hosting protocol

When guests arrive, a host should ask them to come into the room and sit down, and offer them tea or water. But notice that teacups must be clean, better use disposable cups. You should have a clean towel in the bathroom for guests to use. The three most frequently used phrases are: "Come in, please," "Sit down, please," and "Please have some water or tea."

2. 送行用语

必备用语
Key Expressions

Wǒ xī wàng nǐ zài zhè lǐ guò de yú kuài
● 我希望你在这里过得愉快。
I hope you enjoyed your stay here.

Wǒ xī wàng nǐ zài zhèr guò de hěn kāi xīn
● 我希望你在这儿过得很开心。
I hope you had a good time here.

Huān yíng zài lái
● 欢迎再来。
You're always welcome to come back again.

Lǚ tú yú kuài
● 旅途愉快。
Have a nice flight.

Zhù nǐ píng ān dào jiā
● 祝你平安到家。

Have a nice trip back home.

接待Reception

Xī wàng nǐ zài lái
◉ 希望你再来。

Hope you to come back again.

情景对话
Situational Dialogues

1.

(Adam and his schoolmates are visiting the sewage treatment plant.)

Cháng zhǎng Zěn me yàng kàn le zhī hòu hái yǒu shén me wèn tí ma
厂 长：怎么样，看了之后，还有 什么 问题吗？

Factory director：Well, now you've seen it, do you
have any questions?

Yà dāng Méi yǒu le Zhēn méi xiǎng dào wū shuǐ jīng guò chǔ lǐ hòu hái
亚 当：没有了。真没想到污水经过处理后还

néng zài cì lì yòng
能再次利用。

Adam：No. I really didn't expect that sewage could be
used again after treatment.

Chǎng zhǎng Shì ya Xī wàng nǐ men néng cóng zhōng liǎo jiě dào
厂 长：是呀。希望 你 们 能 从 中 了 解到

yì xiē zhī shi bìng yǒu suǒ shōu huò
一些知识，并有所收获。

Factory director：That's true. I hope you can learn
from this, and gain something by it.

Tóng xué men Wǒ men dí què zài zhèr xué dào le yì xiē huán bǎo zhī shi
同 学们：我们的确在这儿学 到了一些 环 保知识。

Students：We have certainly learned something about
environmental protection here.

157

交际口语

Chǎng zhǎng Huān yíng nǐ men yǒu shí jiān zài lái
厂　长：欢迎你们有时间再来。

Factory director：You're always welcome to come back
　　　　　　　here when you have time.

2.

(Eric is talking about ad business at a company.)

Āi lǐ kè Hǎo nà jiù zhè yàng ba Wǒ xiǎng wǒ jiù bù dǎ rǎo nín le
埃里克：好，那就这样吧。我想我就不打扰您了。

Eric：OK. That's it. I think I won't bother you any
　　　more.

Zhōu Dà wéi Nǎ lǐ jīn tiān wǒ men tán de hěn yú kuài
周大维：哪里，今天我们谈得很愉快。

Zhou Dawei：It's nothing. We really had a good time
　　　　　　today.

Āi lǐ kè Shì a Yǒu shí jiān huān yíng nín dào wǒ men gōng sī kàn
埃里克：是啊。有时间欢迎您到我们公司看
　　　　　　kan
　　　　　看。

Eric：Absolutely. If you have time，please come to our
　　　company for a visit. We'll always welcome you.

Zhōu Dà wéi Hǎo zhǎo shí jiān wǒ yí dìng qù
周大维：好，找时间我一定去。

Zhou Dawei：OK. I'll go if I have time.

Āi lǐ kè Wǒ men suí shí gōng hòu nín de guāng lín
埃里克：我们随时恭候您的光临。

Eric：We're waiting respectfully for your presence at
　　　any time.

Zhōu Dà wéi Zài jiàn
周大维：再见！

Zhou Dawei：Bye.

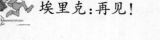

Āi lǐ kè Zài jiàn
埃里克：再见！

Eric：Bye.

3.

(Linda and Adam are ready to leave Wang Hua's home.)

Lín   dá   Wǒ xiǎng wǒ men gāi zǒu le
琳　达：我 想 我们 该 走 了。

Linda：I think we've got to go.

Wáng   Huá   Zài dāi yí huìr   ba
王　华：再 待 一 会 儿 吧。

Wang Hua：Please stay for a bit longer.

Lín   dá   Bù le   wánr   de shí jiān yǐ jīng bù duǎn le
琳　达：不 了，玩 儿 的 时 间 已 经 不 短 了。

Linda：No，no. We've stayed for quite a long time.

Wáng   Huá   Wǒ xī wàng nǐ men zài wǒ zhè lǐ chī de hǎo   wánr   de gāo
王　华：我 希 望 你 们 在 我 这 里 吃 得 好，玩 儿 得 高
　　　　　　　　　　　xìng
　　　　　兴。

Wang Hua：I hope you ate well and had a good time
　　　　　　here.

Lín   dá   Wǒ men wánr   de zhēn shì tài gāo xìng le   Xiè xie nǐ men
琳　达：我 们 玩 儿 得 真 是 太 高 兴 了。谢 谢 你 们
　　　　　de yāo qǐng
　　　　　的 邀 请。

Linda：We really enjoyed our time here. Thank you
　　　　for your invitation.

Wáng   Huá   Xī wàng nǐ men xià cì hái néng lái
王　华：希 望 你 们 下 次 还 能 来。

Wang Hua：I hope you can come next time.

Lín   dá   Dāng rán   wǒ men hái huì lái de   Huí qù ba bié sòng le
琳　达：当 然，我 们 还 会 来 的。回 去 吧，别 送 了。

Linda：Certainly. We'll come again. Please go back.
　　　　Don't see us off.

Wáng　Huá　Méi shìr　　　　Wǒ sòng nǐ men dào diàn tī nàr
王　华：没事儿。我 送 你们 到 电梯 那儿。

Wang Hua：It's OK. I'll see you off there at the eleva-
　　　　　tor.

Yà　Dāng　Hǎo le　qǐng huí ba　Zài jiàn
亚　当：好了，请回吧。再见！

Adam：Well then，please return. Goodbye.

Wáng　Huá　Zài jiàn　Zǒu hǎo
王　华：再见！走好。

Wang Hua：Bye. Take care.

Zhāng Xiǎo jūn　Zài jiàn
张　晓军：再见！

Zhang Xiaojun：Bye.

Lín　dá　Zài jiàn
琳　达：再见！

Linda：Bye.

4.

（Wang Tao and Eric are chatting while walking.）

Wáng　Tāo　Tīng shuō　nǐ　guò liǎng tiān　jiù huí Měi guó guò Shèng dàn Jié
王　涛：听说 你 过 两 天 就 回 美国 过 圣 诞 节

le　shì ma
了，是吗？

Wang Tao：I heard you would go back to the States for
　　　　　Christmas in two days. Is that right?

Āi　lǐ　kè　Méi cuò　　Huí qù kàn kan fù mǔ hé jiā rén
埃里克：没错。回去 看看 父母 和 家人。

Eric：Yes，right. I'll go back to see my parents and
　　　family.

Wáng　Tāo　Tā men yí dìng hěn xiǎng nǐ　　Huí qù hǎo hāor　péi pei tā
王　涛：他们 一 定 很 想 你。回去 好好儿 陪陪他

men
们。

Wang Tao：They must miss you very much. You can
　　　　　spend some time to accompany them.

Āi lǐ kè　 Shì a　 wǒ yǒu yì nián méi jiàn dào tā men le　 Zhēn de yǒu
埃里克：是啊，我有一年没见到他们了。真的有
　　　　　diǎnr　 xiǎng jiā le
　　　　　点儿 想家了。

Eric：Yes. I haven't seen them for a year. I'm really a
　　　little homesick.

Wáng　 Tāo　 Jī piào dōu mǎi hǎo　 le ma
王　涛：机票 都 买 好 了吗?

Wang Tao：Have you bought the plane ticket yet?

Āi lǐ kè　 Dōu mǎi hǎo le
埃里克：都 买 好 了。

Eric：Yes，I have.

Wáng　 Tāo Wǒ zhè lǐ yǒu ge xiǎo lǐ wù　 qǐng dài gěi nǐ de fù mǔ　 bìng
王　涛：我这里有个小礼物，请带给你的父母，并
　　　　　zhuǎn dá wǒ duì tā men de wèn hòu
　　　　　转达我对他们的问候。

Wang Tao：I have a small present here. Please bring it
　　　　　to your parents and give them my regards.

Āi lǐ kè　 Xiè xie　 Wǒ yí dìng huì zhuǎn dá gěi tā men de
埃里克：谢谢。我一定会转达给他们的。

Eric：Thank you. I'll pass it on to them.

Wáng　 Tāo　 Nà tiān wǒ kǒng pà méi yǒu shí jiān sòng nǐ le　 Zhù nǐ píng
王　涛：那天我恐怕没有时间送你了。祝你平
　　　　　ān dào jiā　 lǚ tú yú kuài
　　　　　安到家，旅途愉快。

Wang Tao：I'm afraid I won't have time to see you off
　　　　　that day. Have a nice trip back home. And
　　　　　have a nice flight.

Āi lǐ kè　 Hǎo de　 děng wǒ huí lái hòu zài jiàn
埃里克：好的，等我回来后再见。

Eric：Thanks. I'll see you when I come back.

Wáng　Tāo　Huí lái jiàn
王　涛：回来见。
Wang Tao：See you later.

词　汇
Vocabulary

对话 1

之后　zhīhòu / after

真　zhēn / really

没　méi / not

想到　xiǎngdào / expect；think

经过　jīngguò / by

处理　chùlǐ / disposal，treatment

次　cì / time

利用　lìyòng / utilize

希望　xīwàng / hope

从中　cóngzhōng / from among

了解　liǎojiě / know；learn about；understand；

一些　yìxiē / some

知识　zhishí / knowledge

并　bìng / and

收获　shōuhuò / gain

的确　díquè / certainly

学到　xuédào / learn

环保　huánbǎo / environmental protection

对话 2

这样　zhèyàng / in this way

随时　suíshí / at any time

恭候　gōnghòu / await respectively

光临　guānglín / presence

对话 3

该　gāi / should

呆　dāi / stay

已经　yǐjīng / already

短　duǎn / short

吃得好　chīdehǎo / eat well

邀请　yāoqǐng / invitation

下次　xiàcì / next time

还　hái / also

回去　huíqù / go back

送　sòng / see off

电梯　diàntī / elevator；lift

那儿　nàr / there

回　huí / return

对话 4

听说　tīngshuō / hear；be told

两天　liǎngtiān / two days

过　guò / spend

圣诞节　Shèngdàn Jié / Christmas

想你　xiǎng nǐ / miss you

陪　péi / accompany

年　nián / New Year；year

有点儿　yǒudiǎnr / a little

想家	xiǎngjiā / homesick
机票	jīpiào / plane ticket
礼物	lǐwù / present；gift
带给	dàigěi / bring to
转达	zhuǎndá / pass on；convey
问候	wènhòu / greeting
那天	nàtiān / that day
恐怕	kǒngpà / be afraid
祝	zhù / wish
平安	píng'ān / safety
旅途	lǚtú/ journey
回来	huílái / come back

相关用语
Relevant Expressions

Yǒu kòngr   cháng lái wánr
◉ 有 空儿 常 来玩儿。
Drop in any time

Yǒu kòngr   jiù guò lái
◉ 有 空儿就过来。
Come if you've got the time.

Zhǎo shí jiān zài jù
◉ 找 时间再聚。
Let's get together sometime.

Nín màn zǒu
◉ 您慢走。
Take care.

Nín zǒu hǎo
◉ 您走好。
Mind your steps.

Wǒ sòng song nǐ men
◉ 我 送 送你们。
Let me see you off.

Qǐng liú bù
◉ 请留步。
Please don't bother to see me out.

语言文化小贴士
Language Tips

送客礼仪

Protocol of seeing one off

当客人离开时，主人的家人应该主动出来与客人道别。按照中国人的习惯，主人要送客人到楼梯、电梯、大门口或车站。

When a guest leaves, the family of the host should come out to say goodbye to the guest. According to Chinese custom, the host should see the guest off at the stairs, elevator, gate or bus station.

练 习
Exercises

1. 根据提示，完成下列对话。Complete the following dialogues according to the hint.

1）我是新来的。

_____。

165

2) 我要找李经理,我们约好了。

　　_____。

3) 王老师在家吗?

　　哦,是你呀。_____。

4) 时间不早了,我该走了。

　　_____。

5) 哎哟,你怎么有空儿来了。

　　想不到吧?

　　快!_____,_____。

6) 明天我就回国了,上午的飞机。

　　_____。

噢,这些天我过得很开心。谢谢你。

_____。

2. 替换练习。Substitution exercises.

1) 去我办公室谈。

　　去我_____谈。（房间、家里、公司）

2) 你们喝什么,茶还是咖啡?

　　你们喝什么,_____还是_____?（水、橙汁、奶、啤酒、酒）

3) 你在北京工作还是学习?

　　你在_____工作还是学习?（这里、美国）

4) 今天我们谈得很愉快。

　　今天我们_____得很愉快。（玩儿、过、干）

5) 找时间我一定去。

　　找时间我一定_____。（来、唱、做）

3. 请给带有下划线的词换个说法,但表示的意思要相同。Please replace the underlined words with words of similar meaning.

1) 一路上受累了。

2）大家<u>请进</u>。

3）有时间欢迎你到我们公司<u>参观</u>。

4）我们任何时候都恭候您的光临。

5）我这里有个小礼物，请带给你的父母，并代我向他们问候。

答案：Answers：

1.

1）欢迎　2）这边请　3）欢迎来我家　4）欢迎再来、希望你再来

5）请进、请坐　6)我希望你在这里过得愉快、祝你平安到家。旅途愉快

2.

1）房间、家里、公司　2)水、橙汁、奶、啤酒、酒　3)这里、美国

4)玩儿、过、干　5)来、唱、做

3.

1）辛苦　2)里边请　3)看看　4)随时　5)转达

交际口语

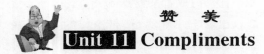

赞 美
Unit 11 Compliments

1. 一般赞美用语

必备用语
Key Expressions

Tài hǎo le
◉ 太好了！
Excellent!

Wā　　Zhēn shì lìng rén nán wàng
◉ 哇！真是令人难忘！
Wow! Impressive!

Tài bàng le
◉ 太棒了！
Brilliant!

Tài piàoliang le
◉ 太漂亮了！
Beautiful!

Bàng jí le
◉ 棒极了！
Bravo!

Zhēn bù kě sī yì
◉ 真不可思议！

Unbelievable!

Nǐ hěn piào liang
◉ 你很漂亮。
You are very pretty.

Nǐ zhēn kě ài
◉ 你真可爱。
You are sweet.

Nǐ zhēn hǎo
◉ 你真好。
You're nice.

情景对话
Situational Dialogues

1.

（Wang Hua and Linda are at the Shopping Mall.）

Lín dá Wáng Huá nǐ jīn tiān kě zhēn piào liang a
琳 达：王 华，你今天可真漂亮啊！
Linda：Wang Hua，how pretty you are today.

Wáng Huá Shì ma Wǒ zhǐ shì huà le huà zhuāng zuò le zuò tóu fa
王 华：是吗？我只是化了化妆，做了做头发。
Wang Hua：Really？I only put some makeup on and had my hair done.

Lín dá Ǹg nǐ zhè ge fà xíng hěn hǎo kàn hěn shì hé nǐ
琳 达：嗯，你这个发型很好看，很适合你。
Linda：Yep. Your hairstyle is good，it suits you.

Wáng Huá Tài hǎo le Nǐ shuō hǎo jiù yí dìng hǎo Wǒ jué de nǐ
王 华：太好了。你说好就一定好。我觉得你
de shěn měi lì tè qiáng tè yǒu yǎn guāng
的审美力特强，特有眼光。

169

Wang Hua：Excellent. If you like it, it must be good. I think you have a very good taste, and excellent vision.

Lín dá：Guò jiǎng le, guò jiǎng le. Wǒ zhǐ shì píng gǎn jué bà le
琳　达：过　奖 了，过　奖 了。我 只 是 凭 感 觉 罢 了。

Linda：You're flattering me, really. I only rely on my feelings.

Wáng Huá：Nǐ zhī dào ma? Wǒ jiù xǐ huan gēn nǐ yì qǐ guàng jiē
王　华：你 知 道 吗? 我 就 喜 欢 跟 你 一 起 逛　街。
　　　　Yìn wèi nǐ kě yǐ bāng wǒ cān móu
　　　　因 为 你 可 以 帮 我 参 谋。

Wang Hua：Do you know, I like to go shopping with you because I can consult you?

Lín dá：Nǐ zhēn kě ài. Jīn tiān nǐ dǎ suàn mǎi shén me
琳　达：你 真 可 爱。今 天 你 打 算 买　什 么?

Linda：You are very sweet. What are you going to buy today?

Wáng Huá：Tiān nuǎn huo le, wǒ xiǎng mǎi tiáo lián yī qún, zài mǎi yí fù
王　华：天　暖 和 了，我 想　买 条 连 衣 裙，再 买 一 副
　　　　tài yáng jìng、yì shuāng xié. Nǐ ne
　　　　太 阳　镜、一 双　鞋。你 呢?

Wang Hua：It's getting warmer. I would like to buy a dress, and a pair of sun glasses, and a pair of shoes. What about you?

Lín dá：Péi nǐ suí biàn kàn kan, wǒ zuì xǐ huan kàn, bù xǐ huan mǎi
琳　达：陪 你 随 便　看 看，我 最 喜 欢 看，不 喜 欢 买。

Linda：I'll just look and keep you company. I like window shopping the most, but don't like to buy.

2.

(Walking into a clothes store.)

Wáng Huá：Zhè ge bú cuò
王　华：这 个 不 错。

Wang Hua：This one is nice.

Lín dá Bù hǎo zhè ge hǎo
琳 达：不好。这个好。

Linda：No. This one is good.

Wáng Huá Zhè ge Wǒ chuān shang shì yí shì
王 华：这个? 我 穿 上 试一试。

Wang Hua：This one? Let me try it on.

Lín dá Wā tài bàng le Nǐ jiǎn zhí shì piào liang jí le Bú xìn nǐ
琳 达：哇，太棒了。你简直是漂 亮 极 了。不信你
zhào jìng zi kàn kan
照 镜 子看 看。

Linda：Wow，excellent. You're simply gorgeous.
Look in the mirror if you don't believe me.

Wáng Huá Hái zhēn shì Bú cuò Wǒ yào le
王 华：还 真是。不错。我要了。

Wang Hua：Sure is. Not bad. I want it.

3.

(At an art handicraft store.)

Lín dá Wáng Huá zhè shì shén me
琳 达：王 华，这是什么?

Linda：Wang Hua，what is this?

Wáng Huá Tán xiāng mù diāo kè huà
王 华：檀 香 木 雕刻画。

Wang Hua：Sandal wood carving.

Lín dá Zhēn bù kě sī yì tā shì zěn me diāo kè chū lái de ne
琳 达：真 不 可 思议，它 是 怎么 雕 刻 出 来 的 呢?
Zhēn hǎo kàn
真 好 看。

Linda：Unbelievable! How is it carved? It's beautiful.

Wáng Huá Wǒ yǒu yí ge péng you de mèi mei zài gōng yì pǐn chǎng gōng
王 华：我有一个朋友的妹妹在工艺品厂 工
zuò nǎ tiān wǒ dài nǐ qù cān guān yí xià rú hé
作，哪天我带你去参 观 一下如何?

Wang Hua：My friend's sister works at an art handicraft factory. I'll take you there to visit some day, OK?

Lín dá：Nà kě tài hǎo le Jiù zhè me shuō dìng le
琳 达：那可太好了。就这么说定了。

Linda：That's wonderful. It's settled.

4.

Lín dá：Wā tā men zhēn shì bàng jí le Nǐ qiáo huà de duō xì zhì
琳 达：哇，他们真是棒极了。你瞧，画得多细致
ya
呀。

Linda：Wow, they are totally wicked. Look, how delicately it is drawn.

Wáng Huá：Shì a tā men hěn liǎo bú qǐ Zhè kě bù shì jǐ tiān jiù
王 华：是啊，他们很了不起。这可不是几天就
néng xué huì de yào yòng bù shǎo gōng fu ne
能学会的，要用不少工夫呢。

Wang Hua：You can say that again. They are really amazing. This can't be learned in a couple of days. It requires painstaking efforts.

Lín dá：Zěn me zuò gōng yì pǐn yě yào huì wǔ shù ma
琳 达：怎么做工艺品也要会武术吗?

Linda：How come one has to learn martial arts to make handicrafts?

Wáng Huá：Hā hā Nǐ gǎo cuò le Wǒ shuō de gōng fu shì shí jiān
王 华：哈哈！你搞错了。我说的工夫是时间。

Wang Hua：Ha, ha, ha. You are mistaken. By "gongfu" I meant time.

Lín dá：Ò wǒ lòu qiè le Bú guò jīn tiān wǒ kě shì kāi yǎn le
琳 达：哦，我露怯了。不过，今天我可是开眼了。
Zhè cì cān guān zhēn shì lìng rén nán wàng a
这次参观真是令人难忘啊！

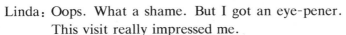

Linda：Oops. What a shame. But I got an eye-pener. This visit really impressed me.

Wáng Huá Jīn tiān nǐ de shōu huò kě bù xiǎo a
王 华：今天你的收 获可不小啊!

Wang Hua：What a harvest you had today!

Lín dá Dí què Shì nǐ gěi le wǒ yí ge xué xí de jī huì Nǐ
琳 达：的确。是你给了我一个学习的机会。你

zhēn hǎo
真 好。

Linda：Yes. It's you who gave me this opportunity to learn. You're nice.

Wáng Huá Bié zhè me shuō Zhè shì wǒ yīng gāi zuò de
王 华：别这么说。这是我应 该做的。

Wang Hua：Don't mention it . It's my pleasure.

词　汇
Vocabulary

对话 1

漂亮　piàoliang / pretty

只是　zhǐshì / only

化妆　huàzhuāng / put makeup; make up

头发　tóufa / hair

做头发　zuò tóufa / do one's hair

发型　fàxíng / hairstyle

适合　shìhé / suit; fit

觉得　juéde / think

审美力　shěnměilì / have a good taste

特　tè / especially

强　qiáng / strong

交际口语

眼光　yǎnguāng / vision

过奖　guòjiǎng / flatter

凭　píng / rely on

感觉　gǎnjué / feeling；sense

知道　zhīdào / know

逛街　guàng jiē / go shopping

因为　yīnwèi / because

参谋　cānmóu / give（offer）advice

可爱　kě'ài / lovely

打算　dǎsuàn / plan；be going to

暖和　nuǎnhuo / warm

连衣裙　liányīqún / dress

一副　yí fù / a pair of

太阳镜　tàiyángjìng / sun glasses

一双　yì shuāng / a pair of

最　zuì / best of all，most

对话 2

穿　chuān / put on；wear

简直　jiǎnzhí / simply

信　xìn / believe

照镜子　zhào jìngzi / look into the mirror

对话 3

檀香木　tánxiāngmù / sandal wood

雕刻　diāokè / carve；carving

画　huà / draw；paint

不可思议　bùkěsīyì / unbelievable

工艺品　gōngyìpǐn / handicraft

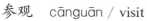

参观　cānguān / visit

如何　rúhé / how

定　dìng / settle

对话4

棒极了　bàng jí le / excellent

瞧　qiáo / look

细致　xìzhì / delicate

了不起　liǎobuqǐ / amazing

几天　jǐ tiān / a couple of days

学会　xuéhuì / learn

不少　bùshǎo / many；not a few

工夫　gōngfu / painstaking

武术　wǔshù / martial arts

露怯　lòuqiè / display one's ignorance；make a fool
　　　　of oneself

开眼　kāiyǎn / open one's eyes

这次　zhè cì / this time

令人难忘　lìng rén nánwàng / impressive

收获　shōuhuò / harvest

不小　bù xiǎo / a lot of

的确　díquè / certainly

机会　jīhuì / opportunity；chance

应该　yīnggāi / should

交际口语

相关用语
Relevant Expressions

● Nǐ zhēn shuài
你真帅。
You're handsome.

● Tài hǎo wánr le
太好玩儿了。
That's extremely funny.

● Nǐ zhēn měi
你真美。
You are gorgeous.

● Nǐ zhēn yōu mò
你真幽默。
You are humorous.

● Nǐ zhēn rèn zhēn
你真认真。
You are too serious.

● Nǐ hěn shàn liáng
你很善良。
You are very kind.

● Nǐ tài yǒu nài xīn le
你太有耐心了。
You are too patient.

● Zhè lǐ měi jí le
这里美极了
It's very beautiful here.

● Zhèr zhēn hǎo
这儿真好。

It's wonderful here.

Zhè lǐ fēng jǐng rú huà
⦿ 这里风景如画。

It's picturesque here.

语言文化小贴士
Language Tips

"过奖了",是表示谦虚的一种表达,回应他人对自己的称赞。

"guò jiǎng le"（You're flattering me.）is an expression to show one's modesty, used to respond to praise.

重叠词的用法:在汉语里把两个相同的动词或名词重叠在一起叫做重叠词,如"化化妆"、"做做头"、"看看表"表示一般性的动作,当在两个相同的动词中间加上"了"时,表示动作已经完成。例如:

1. 你要经常化化妆、做做头、看看书。

2. 我今天化了化妆、做了做头,你看漂亮吗?

Usage of overlapping words：In Chinese a same verb or noun repeated twice is called "chóngdiécí", such as "huàhuà zhuāng"（make up, "zuòzuòtóu"（do one's hair）, "kànkàn biǎo"（look at a watch）, indicating an ordinary action. When the word "le" is put between two repeated verbs, it indicates the action has finished. For example：

1. You'll often put some makeup, do your hair and read books.

2. I have put some makeup and done my hair today. Do you think I'm pretty?

2. 赞美外表

必备用语
Key Expressions

Nǐ jīn tiān de qì sè bú cuò
● 你今天的气色不错。
You look great!

Nǐ kàn qǐ lái zhēn jīng shen
● 你看起来真精神!
You're looking sharp.

Nǐ jīn tiān kàn qǐ lái hěn kě ài
● 你今天看起来很可爱。
You're looking lovely today.

Nǐ de fà xíng bú cuò
● 你的发型不错。
Nice hairstyle.

Nǐ jīn tiān de dǎ bàn zhēn kù
● 你今天的打扮真酷。
You look cool today.

情景对话
Situational Dialogues

1.

(In the courtyard, Zhou Qianqian runs into Guo Da-chuan.)

Zhōu Qiànqiàn Hēi Lǎo Guō nǐ jīn tiān de qì sè bú cuò
周茜茜:嘿,老郭,你今天的气色不错。
Zhou Qianqian: Hey, Lao Guo. You look in the pink.

Guō Dà chuān　Shì a　　wǒ gāng cóng Hǎi nán dù jià huí lái
郭大川：是啊，我刚从海南度假回来。

Guo Dachuan：Of course, I just came back from a holiday in Hainan.

Zhōu Qiàn qiàn　Yuán lái rú cǐ　　Nán guài yǒu jǐ tiān méi jiàn dào nǐ le
周茜茜：原来如此。难怪有几天没见到你了。
　　　　zhè huí kě jīng shen duō le
　　　　这回可精神多了。

Zhou Qianqian：So that is. No wonder I haven't seen you for a couple of days. Now you look more vigorous.

Guō Dà chuān　Nǐ bù zhī dào，kàn kan dà hǎi　xīn qíng béng tí yǒu duō shū
郭大川：你不知道，看看大海，心情甭提有多舒
　　　　chàng le
　　　　畅了。

Guo Dachuan：Don't you know how much happier I feel after seeing the sea?

Zhōu Qiàn qiàn　Wǒ zhēn xiàn mù nǐ　　Bú guò　wǒ yě gāi kǎo lǜ zhōu mò qù
周茜茜：我真羡慕你。不过，我也该考虑周末去
　　　　nǎr　wánr　wanr　le
　　　　哪儿玩儿玩儿了。

Zhou Qianqian：I'm really jealous of you. Anyway, I should also think of going somewhere over the weekend.

2.

(Chen Chen is at the office when Edward comes in.)

Chén　Chén　Āi yō wèi　Ài dé huá　nǐ kàn qǐ lái zhēn jīng shen　Jīn
陈　晨：哎哟喂，爱德华，你看起来真精神！今
　　　　tiān yǒu shén me huó dòng ma
　　　　天有什么活动吗？

Chen Chen：Hey, Edward, you look great! What are you going to do today?

交际口语

Ài dé huá Méi yǒu wā
爱德华：没有哇。

Edward：Nothing.

Chén Chén Xiā shuō   Qiáo zhe tóu fa shū de duō piào liang zhè shēn dǎ
陈　晨：瞎说。瞧着头发梳得多漂亮，这身打
ban duō kù a   Shì bu shì yǒu yuē huì ya
扮多酷啊。是不是有约会呀？

Chen Chen：Nonsense. Look at your hair，so pretty.
And you dress so cool. Are you having a
date?

Ài dé huá Jìng gēn wǒ hú shuō bā dào   Nán dào rén jiā píng shí jiù bù
爱德华：竟跟我胡说八道。难道人家平时就不
néng dǎ ban de hǎo yì diǎnr   ma
能打扮得好一点儿吗？

Edward：You're talking nonsense. Why can't I dress
up better on ordinary occasions?

Chén Chén Dé le ba   bié rén yě xǔ huì   kě nǐ bú huì   Wǒ hái bù
陈　晨：得了吧，别人也许会，可你不会。我还不
liǎo jiě nǐ
了解你？

Chen Chen：Bull shit. Perhaps others can，but you can't.
Don't I know you?

Ài dé huá Nǐ xiǎo zi   yǎn jing jiù shì zéi   Kuài diǎnr   máng nǐ de shì
爱德华：你小子，眼睛就是贼。快点儿忙你的事
qíng qù ba
情去吧。

Edward：You lad，have got a sharp eye. Shouldn't you
be busy doing something?

Chén Chén Qiáo wǒ shuō duì le ba   Hēi hēi
陈　晨：瞧，我说对了吧！嘿嘿！

Chen Chen：See，I got it right. Ha，ha.

3.

Going out on the weekend.

Zhōu Qiànqiàn　Wā　nǐ jīn tiān chuān de zhēn kě ài　fà xíng yě bú cuò
周 茜 茜：哇，你今 天 穿 的 真 可 爱，发 型 也 不 错。
Zhou Qianqian：Wow，you're dressed so cute today，
　　　　　　　 and your hairstyle is not bad.

Yáng　Jìng　Hái kě yǐ ba　Zuó tiān gāng jiǎn de tóu
杨　静：还 可 以 吧。昨 天 刚 剪 的 头。
Yang Jing：Just so so. I had a hair cut yesterday.

Zhōu Qiànqiàn　Zài nǎr　jiǎn de
周 茜 茜：在 哪 儿 剪 的？
Zhou Qianqian：Where?

Yáng　Jìng　Zài wǒ jiā fù jìn de lǐ fà diàn
杨　静：在 我 家 附 近 的 理 发 店。
Yang Jing：At a hairdresser's around my home.

Zhōu Qiànqiàn　Wǒ xiǎng wǒ yě gāi huàn Huàn fà xíng le
周 茜 茜：我 想 我 也 该 换 换 发 型 了。
Zhou Qianqian：I think I've got to change my hair-
　　　　　　　 style.

Yáng　Jìng　Wǒ xiǎng yě shì　Huàn ge xīn fà xíng　nǐ huì xiǎn de gèng
杨　静：我 想 也 是。 换 个 新 发 型，你 会 显 得 更
　　　　 piàoliang de
　　　　 漂 亮 的。
Yang Jing：I think so. Change styles，you will look
　　　　　　 more pretty.

Zhōu Qiànqiàn　Nǐ shuō de duì　jiù zhè me bàn　Hā hā hā
周 茜 茜：你 说 的 对，就 这 么 办。哈 哈 哈！
Zhou Qianqian：You're right. I'll do it. Ha，ha，ha.

交际口语

词　汇
Vocabulary

对话 1

气色　qìsè / color；complexion

度假　dùjià / spend one's holiday

原来如此　yuánlái rúcǐ / so that's

难怪　nán guài / no wonder

这回　zhè huí / this time

精神　jīngshen / spirit

大海　dàhǎi / sea

心情　xīnqíng / mood

甭提　béngtí / don't mention

舒畅　shūchàng / happy；entirely free from worry

羡慕　xiànmù / admire

不过　búguò / but

考虑　kǎolù / think；think over

对话 2

看起来　kàn qǐlái / looks like

活动　huódòng / activity

瞎说　xiāshuō / talk irresponsibly

梳　shū / comb

打扮　dǎban / dress up

酷　kù / cool

约会　yuēhuì / appointment

胡说八道　húshuōbādào / talk nonsense

难道　nándào / really

人家　rénjia / I；others

小子　xiǎozi / lad

眼睛　yǎnjīng / eye

贼　zéi / sharp

快点儿　kuài diǎnr / hurry up

对　duì / right

对话 3

发型　fàxíng / hairstyle

昨天　zuótiān / yesterday

剪　jiǎn / cut

头(发)　tóu (fà) / hair

附近　fùjìn / around, near

理发店　lǐfàdiàn / barber shop; hairdresser's

换　huàn / change

显得　xiǎnde / look

办　bàn / do

相关用语
Relevant Expressions

Hǎo liàng a

◉ 好 靓 啊!

How pretty!

Gòu shuài de

◉ 够 帅 的!

Extremely handsome.

Qiáo　tā duō yǒu qì zhì ya

◉ 瞧,她多有气质呀!

Look, how elegant she is!

◉ Nǐ de shēn cái zhēn hǎo
你的身材真好。
You have a good figure.

◉ Nǐ de shēn tǐ zhēn bàng
你的身体真棒。
You are so healthy.

◉ Nǐ kàn tā / tā duō jiàn kāng
你看她/他多健康。
Look at her/him，she /he is so healthy.

◉ Tā zhēn zhuàng
他真壮。
He is really strong.

◉ Tā zhuàng de xiàng tóu niú
他壮得像头牛。
He is as strong as an ox.

语言文化小贴士
Language Tips

夸人用词有讲究

The skill of flattery

夸人是有技巧的，用词要非常小心，词如果用得不当，不仅起不到夸人的效果，反而会适得其反，招人烦。对于外表，有些词是人们所不爱听的，如胖、瘦、长得不好看等，所以当你夸胖人时，可以用丰满、富态、健壮等词；当你夸瘦人时，可以用苗条、体型好、身材好；而当你夸某个相貌平平或不太好看的人时，就可以用长得有个性，不俗，帅气等词。这样夸人，对方一定很爱听。不信，你去购物中心买衣服的地方测试一下，看有什么结果。

真的吗？
hoho...

美女你好丰满好性感...

Flattering people requires skill. You should be very careful about using words. If you don't use words properly, you won't get good results, and on the contrary may actually make people annoyed. Some words people don't like to hear at all, such as "pàng"(fat), "shòu"(skinny), "zhǎng de bù hǎo kàn"(not good looking) and so on. So when you flatter someone who is fat, you can use words like "fēngmǎn"(plump), "fù tài"(wealthy) and "jiànzhuàng"(strong); while flattering one who is thin, you can use words like "miáotiáo"(slim), "tǐxíng hǎo"(have a good shape), and "shēncái hǎo"(have a good figure); when you flatter one who is ordinary looking or not very good looking, you can use words like "zhǎng de yǒu gèxìng" (has character), "bù sú"(not common), "shuàiqì" (smart), and so on. In this way, the other side will be very pleased. If you don't believe me, you can go to the clothes department at any shopping mall to have a test and see the result.

3. 赞美成就

必备用语
Key Expressions

Gàn de hǎo
● 干得好！
Well done!

Zhēn bú cuò
● 真不错！
Good job!

Nǐ zhēn xíng
● 你真行！
You're very capable!

Nǐ zhēn bàng
● 你真棒！
You're the greatest!

Gàn de piào liang
● 干得漂亮。
Excellent work.

情景对话
Situational Dialogues

1.

（At a Karaoke room.）

Zhōu Qiàn qiàn　Āi lǐ kè　tīng shuō nǐ gē chàng de bú cuò　gěi wǒ men
周 茜 茜：埃里克，听说你歌 唱 得不错，给我们

chàng yí ge ba
唱 一个 吧?

Zhou Qianqian：Eric，I was told your singing was very good. Please sing one for us，will you?

Āi lǐ kè　Shuí shuō de　　Wǒ kě bù xíng
埃里克：谁 说 的。我 可不行。

Eric：Who said that? I'm no good.

Zhōu Qiàiqiàn　Suí biàn chàng yí ge　ràng wǒ men dà jiā tīng ting
周 茜茜：随便 唱 一个，让 我们 大家 听 听。

Zhou Qianqian：Sing whatever you like，and let us hear it.

Āi lǐ kè　Nà hǎo　wǒ jiù chàng yí ge　　Chàng bù hǎo　hái wàng dà jiā
埃里克：那好，我就 唱 一个。 唱 不好，还 望 大家

duō duō bāo han
多 多 包 涵。

Eric：Well，I'll sing one. If I can't do well，I hope you forgive me.

Guō Dà chuān　Āi yō　ní chàng de zhēn hǎo
郭大川 ：哎哟，你 唱 得 真 好!

Guo Dachuan：Wow，you really sing well.

Āi lǐ kè　Bù hǎo　xiā chàng
埃里克：不好，瞎 唱 。

Eric：No，not good. I just sing for fun.

Zhōu Qiàiqiàn　Bié qiān xū le　zài lái yí ge
周 茜茜：别 谦 虚了，再 来 一个。

Zhou Qianqian：Don't be modest. Come on，once more.

2.

(At the office.)

Ài dé huá　Xiǎo Chén　néng bāng yí xià máng ma
爱德华：小 陈，能 帮 一下 忙 吗?

交际口语

Edward：Xiao Chen，can you help me?

Chén Chén Shén me shì
陈　晨：什么事?

Chen Chen：What is it?

Ài dé huá Bāng wǒ bǎ guì zi dǎ kāi　guì zi shang de suǒ huài le
爱德华：帮我把柜子打开，柜子上的锁坏了。

Edward：Help me open the cabinet. The lock is broken.

Chén Chén Méi wèn tí
陈　晨：没问题。

Chen Chen：No problem.

Ài dé huá Xiǎo xīn　Hǎo yǒu ménr　le
爱德华：小心。好，有门儿了。

Edward：Be careful. Good, it will work.

Chén Chén Hǎo le　dǎ kāi le
陈　晨：好了，打开了。

Chen Chen：OK. It's opened.

Ài dé huá Gàn de piào liang　Nǐ zhēn xíng
爱德华：干得漂亮! 你真行!

Edward：Well done! You are very capable.

3.

(At the office.)

Chén Chén Qiáo　nǐ de zì xiě de duō hǎo a
陈　晨：瞧，你的字写得多好啊!

Chen Chen：Look，your handwriting is so good.

Ài dé huá Bù hǎo　bù hǎo
爱德华：不好，不好。

Edward：No, no. Not really.

Chén Chén Āi　bǐ wǒ de yào qiáng duō le
陈　晨：哎，比我的要强多了。

Chen Chen：Hey, yours is much better than mine.

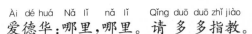

赞美 Compliments

Ài dé huá   Nǎ lǐ   nǎ lǐ   Qǐng duō duō zhǐ jiào
爱德华：哪里，哪里。请多多指教。

Edward：Not at all. Please give me more pointers.

4.

（Zhang Xiaojun returns home，takes a small box out of a bag and hands it to Wang Hua.）

Wáng   Huá Zhè shì shén me
王　华：这是什么？

Wang Hua：What's this?

Zhāng Xiǎo jūn   Nǐ dǎ kāi kàn kan
张　晓军：你打开看看。

Zhang Xiaojun：Open it and have a look yourself.

Wáng   Huá Wā   Zhēn piào liang
王　华：哇！真漂亮。

Wang Hua：Wow，how pretty!

Zhāng Xiǎo jūn   Sòng gěi nǐ de shēng rì lǐ wù
张　晓军：送给你的生日礼物。

Zhang Xiaojun：It's for your birthday.

Wáng   Huá Zhēn de   Zhè shì wǒ kàn guo de zuì měi de xiàng liàn le
王　华：真的？这是我看过的最美的项链了！

Wang Hua：Really? This is the most beautiful necklace I've ever seen.

Zhāng Xiǎo jūn Wǒ hěn gāo xìng nǐ xǐ huan
张　晓军：我很高兴你喜欢。

Zhang Xiaojun：I'm glad you like it.

Wáng   Huá   Nǐ jīn tiān de biǎo xiàn zhēn hǎo   Nǐ shì tiān xià zuì téng wǒ
王　华：你今天的表现真好。你是天下最疼我
de rén le
的人了。

Wang Hua：You've behaved very well today. You're the one who loves me the best.

交际口语

词　汇
Vocabulary

对话 1

歌　gē / song

唱　chàng / sing

望　wàng / hope

包涵　bāohan / excuse；forgive

瞎唱　xiāchàng / sing for fun

谦虚　qiānxū / modesty

对话 2

柜子　guìzi / cabinet

锁　suǒ / lock

坏　huài / be broken

有门儿　yǒu ménr / be hopeful；begin to find a solution

干　gàn/ do

对话 3

字　zì / character

写　xiě / write

比(某人)强多了　bǐ ……qiáng duō le / better than (sb.)

指教　zhǐjiào / give advice or comments

对话 4

礼物　lǐwù / present

项链　xiàngliàn / necklace

最美　zuì měi / the most beautiful

表现　biǎoxiàn / behave；behavior

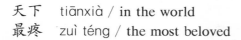

天下　tiānxià / in the world
最疼　zuì téng / the most beloved

相关用语
Relevant Expressions

Jiān chí xià qù
◉ 坚持下去！
Keep it up!

Jì xù nǔ lì
◉ 继续努力！
Keep up the good work!

语言文化小贴士
Language Tips

　　对于他人的夸奖、称赞，中国人通常用否定词回答对方，以示谦虚，如：

Toward other's praise or flattery, Chinese usually reply with negative phrases to show their modesty, for example：

1. A：你的舞跳得真好！
   　You dance very well.
   B：不好，差远了。
   　No, far from it.

2. A：你的画儿画得不错。
   　Your drawing is pretty good.
   B：画得不好，让您见笑了。
   　No, I didn't draw well; hope you don't mind.

交际口语

练 习
Exercises

1. 根据提示,使用赞美用语。Use the expressions of compliments according to the hints.

1) 人的相貌:

2) 人的衣着、外表

3) 人品

4) 物品、风景

5) 工作、成就

2. 词语练习。请用"一副、一双、一条"完成句子。Please complete the sentences with"一副,一双,一条".

1) 他戴着_____眼镜。

2) 我买了_____裤子。

3) 我姐姐买了_____手套。

4) 她想要_____项链。

5) 你有_____美丽的手。

3. 选择下列词完成句子。Choose the following words to complete the sentences.

化妆 发型 可爱 眼光 简直 了不起 机会
收获 羡慕 最美

1) 你今天是不是_____了? 真好看。

2) 今天的学习,你有什么_____吗?

3) 这件连衣裙非常_____。

4) 哇,他真有_____,一下就看上了你。

5) 这条项链_____是棒极了,不过太贵了。

6) 这里是我见过的_____的风景。(最美)

7) 这是多好的_____呀!(机会)

8) 你真_____,这么难的东西你都能修理好。(了不起)

9) 你太漂亮了,真让人_____。(羡慕)

10) 你应该选这么一个_____,比较适合你。(发型)

答案 Answers:

2.

1) 一副 2) 一条 3) 一双 4) 一条 5) 一双

3.

1) 化妆 2) 收获 3) 可爱 4) 眼光 5) 简直

6) 最美 7) 机会 8) 了不起 9) 羡慕 10) 发型

劝告和警告
Unit 12 Advice

1. 劝告

必备用语
Key Expressions

Zhè ge duì nǐ méi yǒu hǎo chù
● 这个对你没有好处。
It's no good for you.

Wǒ quàn nǐ bié gàn
● 我劝你别干。
I advise you not do it.

Nǐ zuì hǎo bié zhè yàng zuò
● 你最好别这样做。
You'd better not do this.

Kuài diǎnr
● 快点儿!
Be quick!

Xiǎo xīn diǎnr
● 小心点儿。
Take it easy.

情景对话
Situational Dialogues

1.

（Wang Tao and his girlfriend are waiting in the hall of the airport. ）

王　涛：<ruby>哦<rt>Ò</rt></ruby>，<ruby>好<rt>hǎo</rt></ruby><ruby>累<rt>lèi</rt></ruby><ruby>啊<rt>a</rt></ruby>！<ruby>我<rt>Wǒ</rt></ruby><ruby>想<rt>xiǎng</rt></ruby><ruby>抽<rt>chōu</rt></ruby><ruby>根<rt>gēn</rt></ruby><ruby>烟<rt>yān</rt></ruby>。

Wang Tao：Uh，I'm tired. I want to smoke.

杨　静：<ruby>不<rt>Bù</rt></ruby><ruby>行<rt>xíng</rt></ruby>，<ruby>这<rt>zhè</rt></ruby><ruby>里<rt>lǐ</rt></ruby><ruby>不<rt>bù</rt></ruby><ruby>许<rt>xǔ</rt></ruby><ruby>吸<rt>xī</rt></ruby><ruby>烟<rt>yān</rt></ruby>。<ruby>你<rt>Nǐ</rt></ruby><ruby>没<rt>méi</rt></ruby><ruby>看<rt>kàn</rt></ruby><ruby>见<rt>jiàn</rt></ruby><ruby>那<rt>nà</rt></ruby><ruby>个<rt>ge</rt></ruby><ruby>牌<rt>pái</rt></ruby><ruby>子<rt>zi</rt></ruby><ruby>吗<rt>ma</rt></ruby>？

Yang Jing：No. Smoking is not allowed here. Didn't you seen the sign over there?

王　涛：<ruby>唉<rt>Ài</rt></ruby>，<ruby>真<rt>zhēn</rt></ruby><ruby>没<rt>méi</rt></ruby><ruby>劲<rt>jìn</rt></ruby>。

Wang Tao：Oh，I'm bored

杨　静：<ruby>你<rt>Nǐ</rt></ruby><ruby>能<rt>néng</rt></ruby><ruby>不<rt>bu</rt></ruby><ruby>能<rt>néng</rt></ruby><ruby>不<rt>bù</rt></ruby><ruby>抽<rt>chōu</rt></ruby><ruby>烟<rt>yān</rt></ruby><ruby>呀<rt>ya</rt></ruby>？<ruby>抽<rt>Chōu</rt></ruby><ruby>烟<rt>yān</rt></ruby><ruby>对<rt>duì</rt></ruby><ruby>身<rt>shēn</rt></ruby><ruby>体<rt>tǐ</rt></ruby><ruby>没<rt>méi</rt></ruby><ruby>有<rt>yǒu</rt></ruby><ruby>一<rt>yì</rt></ruby><ruby>点<rt>diǎn</rt></ruby><ruby>儿<rt>r</rt></ruby><ruby>好<rt>hǎo</rt></ruby><ruby>处<rt>chù</rt></ruby>。

Yang Jing：Can you not smoke? Smoking is no good for your health.

王　涛：<ruby>可<rt>Kě</rt></ruby><ruby>我<rt>wǒ</rt></ruby><ruby>已<rt>yǐ</rt></ruby><ruby>经<rt>jīng</rt></ruby><ruby>习<rt>xí</rt></ruby><ruby>惯<rt>guàn</rt></ruby><ruby>了<rt>le</rt></ruby>，<ruby>不<rt>bù</rt></ruby><ruby>抽<rt>chōu</rt></ruby><ruby>烟<rt>yān</rt></ruby><ruby>就<rt>jiù</rt></ruby><ruby>难<rt>nán</rt></ruby><ruby>受<rt>shòu</rt></ruby>。

Wang Tao：But I've got used to it already. I feel ill without it.

杨　静：<ruby>我<rt>Wǒ</rt></ruby><ruby>劝<rt>quàn</rt></ruby><ruby>你<rt>nǐ</rt></ruby><ruby>还<rt>hái</rt></ruby><ruby>是<rt>shì</rt></ruby><ruby>早<rt>zǎo</rt></ruby><ruby>点<rt>diǎn</rt></ruby><ruby>儿<rt>r</rt></ruby><ruby>戒<rt>jiè</rt></ruby><ruby>烟<rt>yān</rt></ruby><ruby>吧<rt>ba</rt></ruby>。

Yang Jing：I advise you to quit smoking as soon as possible.

交际口语

Wáng Tāo Jiè bù liǎo méi bàn fǎ
王 涛：戒不了，没办法。
Wang Tao：I can't quit it. I'm totally helpless.

Yáng Jìng Nà nǐ jiù kè zhì yí xià jǐn liàng shǎo chōu
杨 静：那你就克制一下，尽量 少 抽。
Yang Jing：Then you have to bear it. Try to smoke as
little as possible.

Wáng Tāo Shì a wǒ yě xiǎng zhè me zuò ne
王 涛：是啊，我也 想 这么做呢。
Wang Tao：Yes. I'm thinking of that too.

2.

(At lunchtime. People in the office are out for lunch.)

Guō Dà chuān Dào diǎn le Zǒu zán men yì qǐ chī fàn qù
郭大川：到 点了。走，咱们一起吃饭去。
Guo Dachuan：It's time for lunch. Come on，let's go
to lunch.

Zhōu Qiànqiàn Nǐ men qù ba wǒ bú qù le
周 茜茜：你们去吧，我不去了。
Zhou Qianqian：You go. I won't.

Guō Dà chuān Bù chī le
郭大川：不吃了？
Guo Dachuan：You won't have lunch?

Zhōu Qiànqiàn Shuí shuō de Qiáo wǒ dài le yì gēn huáng guā hé liǎng
周 茜茜：谁 说的？瞧，我带了一根 黄瓜和两
ge xī hóng shì
个西红柿。
Zhou Qianqian：Did I say that? Look，I've brought a
cucumber and two tomatoes.

Guō Dà chuān Zěn me Jiù chī zhè ge Zhè jiù shì nǐ de wǔ fàn le
郭大川：怎么？就吃这个。这就是你的午饭了
ma
吗？

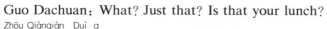

Guo Dachuan：What? Just that? Is that your lunch?

Zhōu Qiànqiàn Duì a
周 茜茜：对啊。

Zhou Qianqian：Yes.

Lǐ   Shā Hāi nǐ bù zhī dào rén jiā zài jiǎn féi ma
李   莎：咳，你不知道人家在减肥吗?

Li Sha：Ha，don't you know she is on diet?

Guō Dà chuān   Āi yā   nǐ zuì hǎo bié zhè me zuò   nà yàng huì bǎ shēn tǐ
郭大川：哎呀，你最好别这么做，那样会把身体
　　　　　gǎo kuǎ le de
　　　　　搞 垮了的。

Guo Dachuan：Oh，you'd better not do this. It may
hurt your health.

Zhōu Qiàn qiàn Méi shì   wǒ xǐ huan zhè yàng
周 茜茜：没事，我喜欢 这 样。

Zhou Qianqian：That's all right. I like it.

Guō Dà chuān Bù chī fàn   xià wǔ huì è de   Zài shuō cháng cǐ xià qù
郭大川：不吃饭，下午会饿的。再说，长 此下去
　　　　　huì dé wèi bìng de
　　　　　会得胃 病的。

Guo Dachuan：If you don't have lunch，you may feel
hungry in the afternoon. And moreo-
ver，you may have stomach trouble in
the long run.

Zhōu Qiàn qiàn Hǎo le   nǐ men kuài diǎnr   zǒu ba bù rán chī fàn jiù lái
周 茜茜：好了，你们 快 点儿走吧，不然吃饭就来
　　　　　bu jí le
　　　　　不及了。

Zhou Qianqian：Oh，well. Please go quickly，other-
wise it will be too late to eat.

Guō Dà chuān   Ài   zhēn ná nǐ méi bàn fǎ
郭大川：唉，真拿你没 办法。

Guo Dachuan：Well，you're totally helpless.

3.

(It's 11 o'clock at night. Wang Hua walks into the study room.)

Wáng Huá　Āi yō　dōu shíyī diǎn le　kuài diǎnr　shuì jiào ba
王　华：哎哟，都 11 点了，快 点儿睡觉吧！

Wang Hua：Hey，it's nearly 11 o'clock. Please go to bed quickly.

ZhāngXiǎo jūn　Wǒ hái yǒu xiē shì qing méi zuò wán ne　Nǐ xiān shuì ba
张 晓军：我还有些事情没做完呢。你先睡吧。
gěi wǒ dào bēi kā fēi hǎo ma
给我倒杯咖啡好吗？

Zhang Xiaojun：I still have something to do. You go a-head. Give me a cup of coffee，will you?

Wáng　Huá Tài wǎn le　bié hē kā fēi le　fǒu zé nǐ yòu shuì bu zháo
王　华：太晚了，别喝咖啡了，否则你又睡不着
le
了。

Wang Hua：It's too late. Don't drink coffee，otherwise you won't sleep.

ZhāngXiǎo jūn　Nà jiù dào bēi bái kāi shuǐ ba　Xiǎo xīn diǎnr　bié tàng
张 晓军：那就倒杯白开水吧。小心点儿，别烫
zhe
着。

Zhang Xiaojun：How about a glass of boiled water then. Be careful. Don't scald yourself.

Wáng　Huá Wǒ fàng zài zhèr　le　bié pèng zhe　Bié gàn de tài wǎn
王　华：我放在这儿了，别碰着。别干得太晚
lou　zhù yì shēn tǐ
喽，注意身体。

Wang Hua：It's here. Don't knock it over. Don't stay up too late. Be careful of your health.

Zhāng Xiǎo jūn Zhī dào le bié nà me pó pó mā mā de le
张 晓军：知道了，别那么婆婆妈妈的了。

Zhang Xiaojun：I know. Stop being so fussy.

Wáng Huá Xián wǒ luō suo le   nà nǐ zǎo diǎn   shuì ya Zhēn shì
王 华：嫌我啰唆了，那你早点儿睡呀？真是

de
的。

Wang Hua：You dislike my wordiness. Why don't you go to bed early，then?

词　　汇
Vocabulary

对话 1

抽烟　　chōn yān / smoke (cigarettes)

一根　　yì gēn / a piece

不许　　bù xǔ / not allow

牌子　　páizi / sign；board

没劲　　méijìn / boring；uninteresting

身体　　shēntǐ / health

好处　　hǎochù / benefit；do good

已经　　yǐjīng / already

习惯　　xíguàn / get used to

难受　　nánshòu / feel ill

劝　　quàn / advise

早点儿　　zǎo diǎnr / early

戒烟　　jièyān / quit smoking

交际口语

克制　kèzhì / bear

少　shǎo / less

对话 2

吃饭　chīfàn / have meals

黄瓜　huángguā / cucumber

西红柿　xīhóngshì / tomato

午饭　wǔfàn / lunch

减肥　jiǎnféi / lose weight

最好　zuìhǎo / had better

搞垮　gǎokuǎ / hurt；break down

饿　è / hungry

再说　zàishuō / moreover

此　cǐ / this

下去　xiàqù / go on

得胃病　dé wèibìng/have stomach trouble

不然　bùrán / otherwise

来不及　lái bu jí / it's too late

办法　bànfǎ / way，method

对话 3

睡觉　shuìjiào / go to bed；go to sleep

倒　dǎo / pour

太晚了　tài wǎn le / too late

否则　fǒuzé / otherwise

又　yòu / again

白开水　báikāishuǐ / boiled water

烫　tàng / hot；scald

放　fàng / put

劝告和警告Advice

碰　pèng / knock

注意　zhùyì / be aware of ；pay attention to

那么　nàme / then

婆婆妈妈　pópó-māmā / womanishly fussy

嫌　xián / dislike

啰唆　luōsuo / wordy

相关用语
Relevant Expressions

Nǐ zuì hǎo zài zuò yí cì
◉ 你最好再做一次。
You'd better do it again.

Bié zhè yàng
◉ 别这样。
Don't act like this.

Zhè jiàn shì bié wǎng xīn li qù
◉ 这件事别往心里去。
Don't take it to heart.

Bié hú nào
◉ 别胡闹。
Don't run wild.

Bié luàn lái
◉ 别乱来。
Don't do it messily.

——**TALK CHINESE**

交际口语

语言文化小贴士
Language Tips

1. 人们通常用婆婆妈妈来形容人说话啰唆、絮叨。原本指女人,也许是因为上了年纪的女人常常对家人不放心,总爱反复叮嘱,才产生了这个以"婆婆"和"妈妈"组成的词。后也用于指男人说话办事不利索,像女人一样。

People usually use "pópó māmā " to describe someone who is long-winded or wordy. Originally it refers to women. Perhaps elderly women are often worried about their family members, and always like to warn them again and again, so this phrase make up of "mother-in-law"and "mother". Later it is also used to refer to men who talk and do things long-windedly, like women.

2. 劝告用语通常用"别……"、"最好……"这样的句子。

Frequently used expressions of advice include"bié …"(Don't . . .),"zuì hǎo … (You'd better...)

2. 警告

必备用语
Key Expressions

Bù xǔ dòng
◉ 不许动!
Freeze!

Xiǎo xīn
◉ 小心!
Be careful!

◉ Dāng xīn
当心!
Watch out!

◉ Bié huá dǎo
别滑倒!
Don't slip.

◉ Qiáo zhe diǎnr
瞧着点儿!
Be careful!

◉ Zhù yì jiǎo xià
注意脚下!
Mind your step!

◉ Yóu qī wèi gān
油漆未干!
Wet paint!

◉ Jìn zhǐ xī yān
禁止吸烟!
No smoking!

◉ Qǐng wù jiàn tà cǎo píng
请勿践踏草坪。
Keep off the grass.

情景对话
Situational Dialogues

1.

Bù xǔ dòng　　Jǔ qǐ shǒu lái
——不许动!举起手来!
Freeze! Hands up!

203

—— Fàng xià wǔ qì，fǒu zé jiù kāi qiāng le
放下武器，否则就开枪了！
Disarm, or I'll fire.

—— Fàng lǎo shí diǎn ér！ Bù xǔ shuō xiā huà
放老实点儿！ 不许说瞎话。
Behave yourself! Don't lie.

204

Xià cì zài fàn zhè gè cuò wù   jué bù qīng ráo
—— 下次再犯这个错误，决不轻饶。

If you make this mistake again，you won't be let off easily.

205

交际口语

2.

(In a building.)

Zhōu Qiànqiàn Āi yā Zhè dì shang zěn me zhè me duō shuǐ ya
周 茜茜：哎呀！这地上 怎么这么多水呀？

Zhou Qianqian：Oops! How come there is so much water on the floor?

Chén Chén Shì a xiǎo xīn Bié huá dǎo
陈 晨：是啊，小心！别滑倒！

Chen Chen：Oh，yes. Be careful. Don't slip.

Zhōu Qiànqiàn Zhù yì jiǎo xià zhè lǐ yǒu tái jiē
周 茜茜：注意脚下，这里有台阶。

Zhou Qianqian：Mind your step. Here are stairs.

(Walking out of the building.)

Zhōu Qiànqiàn Wài miàn de tiān qì zhēn hǎo Yí tā men nà shì zài zuò
周 茜茜：外面的天气真 好！咦，他们那是在做

shén me
什么？

Zhou Qianqian：What beautiful weather outside! Hey，
what are they doing over there?

Chén Chén Ò shì xiū jiǎn shù zhī Dāng xīn bié pèng zhe
陈 晨：哦，是修剪树枝。当心，别 碰 着。

Chen Chen：Oh，they are pollarding. Watch out.
Don't touch it.

Zhōu Qiànqiàn Wǒ men kào zhè biān zǒu
周 茜茜：我们靠这边走。

Zhou Qianqian：We'll go on this side.

3.

(Coming to a street garden.)

Zhōu Qiànqiàn Zǒu lèi le zán men zuò xià lái xiū xi huìr ba
周 茜茜：走累了，咱们坐下来休息会儿吧。

Zhou Qianqian：I'm tired. Let's sit down and have a rest.

Chén　Chén　Hǎo ba

陈　晨：好吧。

Chen Chen：OK.

Zhōu Qiànqiàn　Nàr　yǒu cháng yǐ

周　茜茜：那儿有 长 椅。

Zhou Qianqian：There is a bench over there.

Chén　Chén Qiáo zhe diǎnr　yǒu yóu qī

陈　晨：瞧 着 点儿，有 油漆。

Chen Chen：Look out! There is paint on it.

Zhōu Qiànqiàn　Ò　zhèr　xiě zhe yóu qī wèi gān　ne

周　茜茜：哦，这儿写着"油漆未干！"呢。

Zhou Qianqian：Oh，here it says "Wet Paints".

Chén　Chén Zán men zuò cǎo dì shang ba

陈　晨：咱们 坐 草 地上吧。

Chen Chen：Let's sit on the meadow.

Zhōu Qiànqiàn　Nà zěn me xíng　nǐ méi qiáo jiàn nà ge pái zi ma　Qǐng

周　茜茜：那怎么行，你没瞧见那个牌子吗？"请

wù jiàn tà cǎo píng

勿践踏草坪。"

Zhou Qianqian：That won't do. Don't you see the sign
　　　　　　　there? "Keep off the grass."

Chén　Chén Dé　zán men jiù zuò zài zhè ge shí tou shang ba

陈　晨：得，咱们就坐在这个石头 上吧。

Chen Chen：Well，let's sit on the rock here.

词　汇
Vocabulary

对话 1

不许　bù xǔ / not allow

动　dòng / move

举起　jǔ qǐ / hold up

207

手　shǒu / hand

放下　fàng xià / lay down；put down

武器　wǔqì / weapon

开枪　kāi qiāng / fire（a gun）

老实　lǎoshi / honest

说　shuō / say；speak

瞎话　xiāhuà / nonsense

下次　xià cì / next time

犯　fàn / offend；violate

决不　juébù / never

轻　qīng / light

饶　ráo / forgive

对话 2

地上　dì shang / floor；ground

滑倒　huádǎo / slip

脚　jiǎo / foot

下　xià / below

台阶　táijiē / step

外面　wàimiàn / outside

修剪　xiūjiǎn / prune；trim；clip

树枝　shùzhī / branch

碰　pèng / knock

靠边　kàobiān / keep to the side

对话 3

休息　xiūxi / rest

长椅　chángyǐ / bench

油漆　yóuqī / oil paint

未　wèi / not

干　gān / dry

草地　cǎodì / lawn；meadow

上　shàng / above

践踏　jiàntà / trample

草坪　cǎopíng / lawn

石头　shítou / rock；stone

相关用语
Relevant Expressions

Sù jìng
◉ 肃静！
Quiet！

Bié dòng
◉ 别动！
Don't move！

Liú shén
◉ 留神！
Look out！

Xiǎo xīn shàng mian
◉ 小心上面！
Heads up！

Xiǎo xīn lù huá
◉ 小心路滑！
Slippery！

Xián rén miǎn jìn
◉ 闲人免进。

交际口语

No admittance except on business.

Jìn zhǐ tōng xíng
● 禁止通行。
No entry.

Qǐng wù dà shēng xuān huá
● 请勿大声喧哗。
Quiet.

Xiǎo xīn diǎnr   Xià cì jué ráo bù liǎo nǐ
● 小心点儿! 下次决饶不了你。
Be careful. You'll never be forgiven next time.

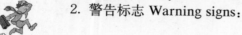

语言文化小贴士
Language Tips

1. 警告与颜色

红色代表一级警告,是世界上通用的警告颜色,如红色通缉令,交通信号灯中的红灯。

黄色代表二级警告,提醒人们注意,也是世界上通用的警告颜色,如足球场上裁判出示的黄牌,交通信号灯中的黄灯。

1. Warning and colors:

Red represents first grade warning. It is a universal warning color, such as red order for arrest, red traffic light;

Yellow represents second grade warning, reminding people to be alert. It is also a universal warning color, such as the yellow card showed by a referee in a football game, or a yellow traffic light.

2. 警告标志 Warning signs:

Stop　　　　　No entry　　　　No horn

Road construction　Electricity　poisonons　Explosive

练　习
Exercises

1. 看图说话。Look and speak.

1）一个人酒喝多了，正在打开车门，准备开车回家。

2) 下雪了, 路很滑。

3) 警察抓小偷。

2. 口语练习, 完成下列句子。Oral practice. Complete the following sentences.

1) 你能不能不_____呀? 抽烟对身体_____。

2) 我劝你还是早点儿_____吧。

3）那你就克制一下，_____少抽。

4）你最好别这么做，那样会把身体_____了的。

5）哎哟，都 11 点了，_____睡觉吧！

3. 请为下列各图找到相配的文字。Match the words with pictures.

当心！

别滑倒！

禁止通行！

禁止吸烟！

请勿践踏草坪。

答案 Answers：

2.

1）抽烟 / 没有一点儿好处　2）戒烟　3）尽量　4）搞垮　5）快点儿

祝　福
Unit 13 Blessings

必备用语
Key Expressions

Shàng dì bǎo yòu
● 上帝保佑。
God bless you.

Lǎo tiān bǎo yòu
● 老天保佑。
God bless you.

Zhù nǐ hǎo yùn
● 祝你好运。
Good luck.

Zhù nǐ shēng rì kuài lè
● 祝你生日快乐!
Happy birthday!

Zhù nǐ píng ān
● 祝你平安。
Hope you are safe and sound. Best wishes.

Zhù nǐ xìng fú
● 祝你幸福。
Hope you are happy.

祝福Blessings

Wàn shì rú yì
◉ 万事如意。

Everything goes as you wish.

Yí lù píng ān
◉ 一路平安。

Bon voyage.

Yí lù shùn fēng
◉ 一路顺风。

Have a good journey. Bon voyage.

情景对话
Situational Dialogues

1.

（Wang Hua and Linda are taking a walk. ）

Lín Dá Jīn nián de Chūn Jié nǐ zhǔn bèi zài nǎr guò
琳 达:今年的春节你准备在哪儿过?

Linda：Where are you going to spend the Spring Festival this year?

Wáng Huá Dāng rán shì huí jiā guò nián le
王 华:当然是回家过年了。

Wang Hua：I'll certainly go back home for the New Year.

Lín Dá Shì huí nǐ zì jǐ de jiā hái shì huí fù mǔ de jiā
琳 达:是回你自己的家还是回父母的家?

Linda：Are you going to go back to your own home or your parent's home?

Wáng Huá Huí fù mǔ de jiā Zì cóng jié hūn yǐ hòu měi nián chūn jié
王 华:回父母的家。自从结婚以后,每年春节
wǒ men dōu huí qù kàn kàn èr lǎo gěi tā men bài nián
我们都回去,看看二老,给他们拜年。

Wang Hua：To my parent's home. Since marriage, we go back every Spring Festival to see my parents and pay a New Year's visit to them.

Lín   dá   Nǐ men duō xìng fú a
琳   达：你们 多 幸福啊！

Linda：How happy you are!

Wáng   Huá   Nǐ ne   Nǐ Chūn Jié zhǔn bèi qù nǎr   Huí guó ma
王   华：你呢？你春节 准备去哪儿？ 回国吗？

Wang Hua：What about you? Where are you going at the Spring Festival? Return to your country?

Lín   dá   Bù   wǒ hé péng you yì qǐ qù nán fāng wánr
琳   达：不，我和朋友一起去南 方 玩儿。

Linda：No. I'm going to the south with my friends.

Wáng   Huá   Yě bú cuò ma   Lǎo tiān bǎo yòu zhù nǐ yí lù shùn fēng
王   华：也不错嘛。老天 保佑，祝你一路顺 风。

Wang Hua：Not bad. God bless you. Hope you have a good journey.

Lín   dá   Wǒ yě zhù nǐ xīn nián yú kuài wàn shì rú yì   yí lù píng ān
琳   达：我也祝你新年愉快，万事如意，一路平安。

Linda：I also wish you a happy New Year. May everything goes as you wish, and bon voyage.

Wáng   Huá   Wǒ men míng tiān jiù zǒu le   suǒ yǐ jīn tiān xiān gěi nǐ bài ge
王   华：我们 明天就走了，所以今天先给你拜个
zǎo nián   huí lái zán men zài jù
早年，回来咱们再聚。

Wang Hua：We're leaving tomorrow, so today I'll pay an early New Year call first. We'll get together after I come back.

Lín   dá   Hǎo
琳   达：好。

Linda：OK.

2.

（At Wang Tao's wedding.）

祝福Blessings

Chén Chén　Méi xiǎng dào　zhè ge hūn lǐ hái zhēn rè nao
陈　晨：没 想 到，这 个 婚 礼 还 真 热 闹！

Chen Chen：I didn't expect this wedding to be so lively and jolly.

Guō Dà chuān　Zěn me　xiàn mù le ba　　Hái bù gǎn jǐn zhǎo ge nǚ péng
郭 大 川：怎 么，羡 慕 了 吧！还 不 赶 紧 找 个 女 朋
　　　　　you
　　　　　友。

Guo Dachuan：Well，do you envy him? Why don't you hurry up and look for a girlfriend?

Chén　Chén　Rú jīn de nǚ hái zi yǎn jing gāo　　Wǒ zhǎng de yòu bú
陈　晨：如 今 的 女 孩 子 眼 睛 高。我 长 得 又 不
　　　shuài　suǒ yǐ kùn nan na
　　　帅，所 以 困 难 哪！

Chen Chen：Nowadays girls have high standards. And I'm not good looking，so it's difficult.

Guō Dà chuān　Wáng Tāo zhè xiǎo zi yùn qì hǎo　　qǔ le zhè me piào liang de
郭 大 川：王 涛 这 小 子 运 气 好，娶 了 这 么 漂 亮 的
　　　gū niang
　　　姑 娘。

Guo Dachuan：This lad，Wang Tao，is lucky，and married such a pretty girl.

Chén　Chén　Shì a　　jīn tiān shì jiè shang yòu shǎo le yí gè dān shēn hàn
陈　晨：是 啊，今 天 世 界 上 又 少 了 一 个 单 身 汉，
　　　duō le yí ge pà lǎo po de rén
　　　多 了 一 个 怕 老 婆 的 人。

Chen Chen：You're right. Today this world has lost another bachelor，and added one more henpecked man.

Guō Dà chuān　Shǎo shuō fèi huà　　Zánmen hái bu shàng qián xiàng xīn rén dào
郭大川：少 说 废话！咱们还不上 前 向新人道
　　　　xǐ　zhù fú tā men yí xià　 yě zhān diǎnr 　 xǐ qì
　　　　喜，祝福他们一下，也沾 点儿喜气。

Guo Dachuan：Don't talk nonsense. Let's go up and
　　　　　　　congratulate the newlyweds on this
　　　　　　　happy occasion，and send our wishes to
　　　　　　　them to add to the joyful atmosphere.

Chén　Chén Hǎo zǒu
陈　 晨：好，走。

Chen Chen：OK. Let's go.

Guō Dà chuān　Wáng Tāo　zhù hè nǐ men　　Yuàn nǐ men liǎ ēn ēn ài ài
郭大川：王涛，祝贺你们。愿你们俩恩恩爱爱、
　　　　bái tóu dào lǎo
　　　　白头到老。

Guo Dachuan：Wang Tao，congratulations. Hope you
　　　　　　　two love each other，and live together
　　　　　　　to a ripe old age.

Chén　Chén Wǒ yě zhù nǐ men fū qī hé hé měi měi　yǒng yuǎn xìng fú
陈　 晨：我也祝你们夫妻合合美美，永 远 幸福，
　　　　zǎo shēng guì zǐ
　　　　早 生 贵子。

Chen Chen：I also hope you live harmoniously，happy
　　　　　　　forever，and have a son soon.

Wáng　Tāo Duì le　　nǐ shén me shí hòu bàn xǐ shì ya　wǒ men kě děng
王　 涛：对了，你什么时候 办喜事呀，我们可等
　　　　zhe chī nǐ de xǐ táng ne
　　　　着吃你的喜糖呢！

Guo Dachuan：Oh，when do you plan to hold the wed-
　　　　　　　ding ceremony? We're waiting for your
　　　　　　　happy-sweets.

Chén　Chén Zǎo zhe ne　lián yǐng zi dōu méi yǒu　Jīn tiān　hái shì xiān
陈　 晨：早 着呢，连 影 子 都 没 有。今天，还是先

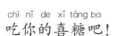

chī nǐ de xǐ táng ba
吃你的喜糖吧!

Chen Chen：It's too early. It's not even on the horizon. Today let me have your happy-sweets first.

3.

(At the office.)

Zhōu Qiànqiàn　Wā　zhè me dà de dàn gāo　sòng gěi shuí de
周 茜茜：哇，这么大的蛋 糕，送给谁的？

Zhou Qianqian：Wow, who is this big cake for?

Lǐ　Shā　Sòng gěi Āi lǐ kè de
李 莎：送给埃里克的。

Li Sha：It's for Eric.

Zhōu Qiànqiàn　Jīn tiān shì tā de shēng rì ya
周 茜茜：今天是他的 生 日呀。

Zhou Qianqian：Today is his birthday.

Lǐ　Shā　Bié shēng zhāng　wǒ men zhǔn bèi gěi tā ge jīng xǐ　Xià bān
李 莎：别 声 张，我们准备给他个惊喜。下班
shí　jiào tā guò lái
时，叫他过来。

Li Shh：Shi, don't make public. We're going to give him a surprise. After work, call him over.

(After work.)

Zhōu Qiànqiàn　Āi lǐ kè　yǒu rén zhǎo nǐ
周 茜茜：埃里克，有人 找你。

Zhou Qianqian：Eric, someone is looking for you.

Āi lǐ kè　shuí ya　Wǒ méi yǒu yuē rén ne
埃里克：谁呀？我没有约人呢？

Eric：Who? I don't have an appointment.

Zhōu Qiànqiàn　Rén zài huì kè shì
周 茜茜：人在会客室。

Zhou Qianqian：In the reception room.

交际口语

(Open the door, everyone sings the birthday song.)

Dà Jiā Zhù nǐ shēng rì kuài lè Zhù nǐ shēng rì kuài lè Zhù nǐ
大　家：祝你生日快乐！祝你生日快乐！祝你

shēng rì kuài lè
生日快乐！

Everybody：Happy birthday to you! Happy birthday to
you! Happy birthday to you!

Āi lǐ kè Ò wǒ dōu wàng le Jīn tiān shì wǒ de shēng rì Xiè xie
埃里克：噢，我都忘了。今天是我的生日。谢谢

nǐ men nǐ men zhēn hǎo
你们，你们真好。

Eric：Oh, I forgot. Today is my birthday. Thank you.
You're so nice.

4.

(At a park.)

Yà dāng Míng tiān jiù yào qī mò kǎo shì le wǒ yǒu diǎnr jǐn zhāng
亚　当：明天就要期末考试了，我有点儿紧张。

Adam：Tomorrow is the end-of-term examination. I'm
a little bit nervous.

Lín dá Nǐ ya yǒu shén me hǎo jǐn zhāng de
琳　达：你呀，有什么好紧张的。

Linda：You don't need to be nervous.

Yà dāng Yǒu hǎo jǐ mén kè ne
亚　当：有好几门课呢！

Adam：There are several courses.

Lín dá Fàng xīn nǐ méi wèn tí
琳　达：放心，你没问题。

Linda：Take it easy. You won't have any problems.

Yà dāng Dàn yuàn rú cǐ
亚　当：但愿如此。

Adam：I hope so.

Lín dá Dōu fù xí hǎo le ma
琳　达：都复习好了吗？

Linda：Have you reviewed?

Yà dāng Chà bù duō ba
亚　当：差不多吧。

Adam：More or less.

Lín dá Nà hái pà shén me   Zhù nǐ hǎo yùn
琳　达：那还怕什么。祝你好运。

Linda：Then what are you afraid of? Good luck to you.

Yà dāng Xiè xie
亚　当：谢谢！

Adam：Thank you.

Lín dá Jì zhù le   fàng sōng qiān wàn bié jǐn zhāng   Shàng dì bǎo
琳　达：记住了，放松，千万别紧张。上帝保
yòu　nǐ yí dìng huì kǎo hǎo de
佑，你一定会考好的。

Linda：Just remember，be relaxed. Never be nervous.
　　　　God bless you. You'll surely pass them all.

Yà dāng Wǒ xiàn zài gǎn jué hǎo duō le   Zǒu zán men qù nàr   kàn
亚　当：我现在感觉好多了。走，咱们去那儿看
kan
看。

Adam：I feel much better now. Come on，let's go
　　　　there and have a look.

词　汇
Vocabulary

对话 1

今年　jīnnián / this year
春节　Chūn Jié / spring festival
过　guò / spend

221

回家　huí jiā / go home

过年　guònián / spend the New Year

自己　zìjǐ / oneself

自从　zìcóng / since

结婚　jiéhūn / marriage

以后　yǐhòu / after

每年　měinián / every year

拜年　bàinián / pay a New Year call; send New Year greetings

幸福　xìngfú / happy; happiness

回国　huí guó / return to one's country

南方　nánfāng / south

不错　búcuò / not bad

老天保佑　lǎotiān bǎoyòu / God belss you.

祝　zhù / wish

一路顺风　yílùshùnfēng / Have a good journey.

新年　xīnnián / New Year

愉快　yúkuài / happy

万事如意　wàn shì rú yì / everything goes as you wish

一路平安　yílùpíng'ān / Bon voyage.

对话 2

想到　xiǎng dào / expect

婚礼　hūnlǐ / wedding

热闹　rènao / lively; jolly

羡慕　xiànmù /admire; envy

赶紧　gǎnjǐn / hurry up

眼睛　yǎnjing / eye

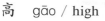

高　gāo / high

帅　shuài / good looking；handsome

困难　kùnnan / difficult

运气　yùnqì / luck

娶　qǔ / marry

漂亮　piàoliang / beautiful

姑娘　gūniang / girl

世界　shìjiè / world

单身汉　dānshēnhàn / bachelor

怕　pà / afraid；scare

老婆　lǎopo / wife

废话　fèihuà / nonsense

上前　shàng qián / go up

向……道喜　xiàng…dàoxǐ /congratulate sb. on a
　　　　　　　　　　　　happy occasion

新人　xīnrén / newlywed person

祝福　zhùfú / bless

沾点儿　zhān diǎnr / get

喜气　xǐqì / joyful atmosphere

祝贺　zhùhè / congratulate

愿　yuàn / hope；wish

恩恩爱爱　ēnēn-àiài / conjugal love

白头到老　báitóudàolǎo / live together to a ripe old
　　　　　　　　　　　　age

夫妻　fūqī / couple

合合美美　héhé-měiměi/live harmoniously

永远　yǒngyuǎn / forever

贵子　guìzǐ / son

办喜事　bàn xǐshì / hold a wedding ceremony

喜糖　xǐtáng / happy-sweets

影子　yǐngzi / trace；shadow

对话3

蛋糕　dàngāo / cake

送给　sòng gěi / send

生日　shēngrì / birthday

声张　shēngzhāng / disclose；make public

惊喜　jīngxǐ / surprise

叫……过来　jiào…guòlái / call … over

有人　yǒu rén / someone

约人　yuērén / have an appointment

会客室　huìkèshì / reception room

快乐　kuàilè / happy

忘了　wàng le / forget

对话4

期末　qīmò / end of term

紧张　jǐnzhāng / nervous

几门课　jǐ mén kè / several courses

放心　fàngxīn / set one's heart at rest

差不多　chà bu duō / almost

好运　hǎoyùn / good luck

记住　jìzhù / remember

上帝保佑　Shàngdì bǎoyòu / God bless you.

感觉　gǎnjué / feel

相关用语
Relevant Expressions

Zhù nǐ chéng gōng
◉ 祝你成功。
I'll keep my fingers crossed.

Gōng xǐ fā cái
◉ 恭喜发财。
May you be prosperous. Wish you all the best.

Yì fān fēng shùn
◉ 一帆风顺。
Wish you a smooth and safe journey. Bon voyage.

Mǎ dào chéng gōng
◉ 马到成功。
May you succeed immediately upon arrival.

Xīn xiǎng shì chéng
◉ 心想事成。
Hope you will get what you long for

Kāi mén dà jí
◉ 开门大吉。
Hope you open with everything auspicious.

Dà jí dà lì
◉ 大吉大利。
Wish you every luck in the New Year.

Fú rú dōng hǎi shòu bǐ nán shān
◉ 福如东海,寿比南山。
Wish you happiness and a long life.

交际口语

语言文化小贴士
Language Tips

1. 拜年是中国春节的习俗，是指向人祝贺新年。在旧的礼仪里，拜年时，人们应双手抱拳于胸前，说："给你拜年了。"对方也以同样的方式来回应。

Paying a New Year's visit is a Chinese custom of the Spring Festival. It means to send New Year greetings to people. According to the old etiquette, when paying New Year's visit, people should hold their fists in front of their chest and say,"I wish you a happy New Year." The other side should reply in the same way.

2. 在汉语里喜事有两个意思，一个是指值得祝贺的使人高兴的事，另一个是特指结婚的事。说到结婚，这里的喜字可不少，如：办喜事，贴喜联，喝喜酒，吃喜糖、喜果等等。另外，结婚的一对人被称为"新人"，男方是"新郎"，女方是"新娘"。

In Chinese the word "xǐshì"(happy event) has two meanings: one refers to happy event, joyous occasion; another refers to wedding. Speaking of weddings, there are a lot words with "xǐ" in it, such as "bàn xǐshì"(hold a wedding ceremony),"tiē xǐlián"(paste wedding couplets),"hē xǐjiǔ"(drink wine at a wedding feast),"chī xǐtáng" and "xǐguǒ"(eat happy-sweets and happy nuts). In addition, the couple getting married is called "xīnrén"(the newlyweds), the male side is called "xīnláng"(bridegroom), and female side is called "xīnniáng"(bride).

3．"早生贵子"是人们对新婚夫妇说的一句祝福话，因为在传统习俗里，生子象征着家庭兴旺，后继有人。

"zǎo shēng guìzǐ" is a blessing people say to the newlyweds，because in the traditional customs having a son represents the prosperity of a family and having descandants.

练　习
Exercises

1. 根据提示，说出你的祝福语。Express your wishes according to the hints.

1）你的朋友结婚。

2）你参加朋友的生日聚会。

3）你的朋友参加比赛。

2. 词语练习。请用下列字词完成句子。Complete the following sentences with words given below.

　　喜气　　喜糖　　喜事　　喜　　喜酒

1）这是一个大_____的日子。

2）你们什么时候办_____？

3）到时我请你们吃_____，喝_____。

4）你看他一脸_____，一定是有什么好事了。

3. 请把 A 和 B 意思相同的词语用线连起来。Match words with the same meanings.

A1 二老　　　B1 未婚男子

A2 老婆　　　B2 我们

A3 声张　　　B3 父母

A4 咱们　　　B4 告诉别人

A5 单身汉　　B5 妻子

交际口语

答案 Answers：

2. 1）喜　2）喜事　3）喜糖，喜酒　4）喜气

3.

A1—B3　A2—B5　A3—B4　A4—B2　A5—B1

关　心
Unit 14 Caring for Others

必备用语
Key Expressions

◉ Nǐ zěn me le
你怎么了？
What's wrong with you?

◉ Chū shén me shì le
出什么事了？
What's going on?

◉ Nǐ nǎ lǐ bù shū fu
你哪里不舒服？
What's wrong with you?

◉ Yào bu yào sòng nǐ qù yī yuàn
要不要送你去医院？
Shall I send you to the hospital?

◉ Hǎo diǎnr le ma
好点儿了吗？
Are you feeling better?

◉ Xiǎng chī diǎnr shén me
想吃点儿什么？
What would you like to eat?

Hǎo hǎor   xiū xi   hěn kuài jiù huì hǎo de
● 好 好儿休息，很 快 就 会 好 的。
Have a good rest, and you'll soon be fine.

Suàn le   bié nán guò le
● 算了，别 难 过 了。
Forget it. Don't be sad.

情景对话
Situational Dialogues

1.

(At the office.)

Chén Chén Nǐ zěn me le   Nǎr   bù shū fu
陈　晨：你 怎 么 了？ 哪儿 不 舒服？
Chen Chen：What's wrong with you? Are you sick?

Zhōu Qiànqiàn Wǒ tóu téng hún shēn fā lěng
周 茜 茜：我 头 疼，浑 身 发 冷。
Zhou Qianqian：I have a headache, and feeling chill all over.

Chén Chén Ya   nǐ de tóu zhè me tàng   Nǐ yí dìng shì fā shāo le
陈　晨：呀，你 的 头 这 么 烫。 你 一 定 是 发 烧 了。
Chen Chen：Wow, your head is so hot. You must have a fever.

Zhōu Qiànqiàn Wǒ xiǎng shì gǎn mào le   Nǐ yǒu yào ma
周 茜 茜：我 想 是 感 冒 了。 你 有 药 吗？
Zhou Qianqian：I think I've got a cold. Do you have medicine?

Chén Chén Méi yǒu   Wǒ hái shì sòng nǐ shàng yī yuàn ba
陈　晨：没 有。 我 还 是 送 你 上 医 院 吧。
Chen Chen：No, I don't. I'll send you to the hospital.

(The next day, Chen Chen comes to Zhou Qianqian's

home to see her.）

Chén Chén Nǐ zěn me yàng hǎo diǎnr le ma
陈　晨：你怎么样，好点儿了吗？

Chen Chen：How are you? Are you feeling better?

Zhōu Qiànqiàn Hǎo duō le Yǐ jīng bù fā shāo le
周 茜茜：好多了。已经不发烧了。

Zhou Qianqian：Much better. The fever has gone.

Chén Chén Wǒ gěi nǐ dài lái diǎnr shuǐ guǒ xiàn zài xiǎng chī ma
陈　晨：我给你带来点儿水果，现在想吃吗？

Chen Chen：I brought you some fruits. Do you want to
eat now?

Zhōu Qiànqiàn Bù xiǎng chī xiān fàng zhèr ba xiè xie Ràng nǐ pò
周 茜茜：不想吃，先放这儿吧，谢谢！让你破
fèi le
费了。

Zhou Qianqian：No，I don't. Please put them here，
thank you. Sorry for making you
spend money on me.

Chén Chén Shuō shén me ne Nǐ hǎo hāor xiū xi ba hěn kuài jiù
陈　晨：说什么呢？！你好好儿休息吧，很快就
huì hǎo de
会好的。

Chen Chen：What are you talking about?! You should
have a good rest，and you will soon be
fine.

Zhōu Qiànqiàn Zhēn shì má fan nǐ le dān wù nǐ gōng zuò le
周 茜茜：真是麻烦你了，耽误你工作了。

Zhou Qianqian：It's really troublesome for you，and
interferes with your work.

Chén Chén Méi shì de Xiǎng chī diǎnr shén me Wǒ qù gěi nǐ mǎi
陈　晨：没事的。想吃点儿什么？我去给你买。

Chen Chen：Never mind. What would you like to eat?

交际口语

I'll go and buy it for you.

Zhōu Qiànqiàn: Bú yòng le, xiè xie   Nǐ duì wǒ tài hǎo le
周 茜茜：不用了，谢谢！你对我太好了。

Zhou Qianqian: No, thanks. You're very kind to me.

2.

(On the street to work, Eric runs into Li Sha.)

Āi lǐ kè: Zǎo shang hǎo, Lǐ Shā
埃里克：早 上 好，李莎。

Eric: Good morning, Li Sha.

Lǐ Shā: Zǎo shang hǎo
李 莎：早 上 好。

Li Sha: Morning.

Āi lǐ kè: Nǐ jīn tiān hǎo xiàng bù gāo xìng   Chū shén me shì le
埃里克：你今天好 像不高兴？出什么事了？

Eric: You seem unhappy today. What's up?

Lǐ Shā: Wǒ de shǒu jī diū le
李 莎：我的手机丢了。

Li Sha: My cell phone is lost.

Āi lǐ kè: Shén me shí hòu diū de
埃里克：什么时候丢的？

Eric: When did you lose it?

Lǐ Shā: Gāng cái zài Chē shang
李 莎：刚才在车上。

Li Sha: Just now on the bus.

Āi lǐ kè: Bèi rén tōu le
埃里克：被人偷了？

Eric: Was it stolen?

Lǐ Shā: Ǹg
李 莎：嗯。

Li Sha: Yeah.

Āi lǐ kè: Bào àn le ma
埃里克：报案了吗？

Eric：Have you reported it to the police?

Lǐ　Shā　Méi yǒu
李　莎：没有。

Li Sha：Not yet.

Āi　lǐ　kè　Wèi shén me bú bào ne
埃里克：为 什 么 不 报 呢？

Eric：Why not?

Lǐ　Shā　Méi yǒu shǒu jī zěn me dǎ diàn huà ya　Zài shuō le　bào le
李　莎：没有 手机怎么打电话呀！再说了，报了
　　　　yě méi yòng
　　　　也没 用。

Li Sha：How can I make a phone call without a cell
　　　　phone？ Anyway，it's useless.

Āi　lǐ　kè　Zhè dào shì
埃里克：这 倒是。

Eric：That's true.

Lǐ　Shā　Zhēn dǎo méi
李　莎：真 倒霉。

Li Sha：Bad luck.

Āi　lǐ　kè　Suàn le　bié nán guò le　Zài mǎi yí ge xīn de ba　Jiù
埃里克：算了，别难过了。再买一个新的吧。旧
　　　　de bú qù　xīn de bù lái ma
　　　　的不去，新的不来嘛。

Eric：Forget it. Don't be sad. Buy a new one then.
　　　　The new one won't come if the old doesn't go.

Lǐ　Shā　Méi bàn fǎ　zhǐ néng zhè yàng le
李　莎：没 办法，只能 这 样了。

Li Sha：Nothing can be done. That's all.

交际口语

词 汇
Vocabulary

对话 1

不舒服　bù shūfu / uncomfortable

头疼　tóuténg / headache

浑身发冷　húnshēn fālěng / feel chill all over

头　tóu / head

烫　tàng / hot

发烧　fāshāo / have a fever

感冒　gǎnmào / have a cold

药　yào / medicine

医院　yīyuàn / hospital

水果　shuǐguǒ / fruit

耽误　dānwù / delay

买　mǎi / buy

对话 2

好像　hǎoxiàng / seem; as if

手机　shǒujī / cell phone

丢　diū / lose

车上　chē shang / in the car/bus/vehicle

被偷　bèi tōu / be stolen

报案　bào'àn / report a case to a police station

倒霉　dǎoméi / bad luck

难过　nánguò / feel bad; be sad

新　xīn / new

旧　jiù / old

相关用语
Relevant Expressions

Zěn me huí shì
◉ 怎么回事?
What's the matter?

Nǐ bìng le
◉ 你病了?
Are you sick?

Wǒ sòng nǐ huí jiā ba
◉ 我 送你回家吧。
I'll send you home.

语言文化小贴士
Language Tips

"旧的不去,新的不来。"是人们常说的一句话,多用来安慰那些因丢东西或东西被偷而心情不好的人,也常用来安慰自己。

交际口语

"Jiù de bú qù, xīn de bù lái" (The new one won't come if the old doesn't go.) is a phrase often said by people. It is mostly used to console those whose personal belongs or things are stolen and are in a bad mood. It's also often used to console oneself.

练 习
Exercises

1. 完成对话。Complete the following dialogues.

1) _____?

我头疼。

2) _____?

我休息一下就好了。

3) _____?

好多了。

4) 你想吃点儿什么?

_____。

5) 我的钱包丢了。

_____。

2. 根据英文,选择正确的中文意思。Choose the right Chinese meaning.

1) headache

A. 头晕   B. 头疼   C. 头领

2) hospital

A. 医院   B. 饭馆   C. 大院

3) fruit

A. 水果   B. 苹果   C. 后果

4) have a fever

A. 感冒   B. 帮助   C. 发烧

236

5) mobile phone

A. 电话　　　　B. 手机　　　　C. 手术

6) depressed

A. 难过　　　　B. 过来　　　　C. 经过

7) medicine

A. 烫　　　　　B. 病　　　　　C. 药

8) hot

A. 冷　　　　　B. 烫　　　　　C. 凉

9) new

A. 新　　　　　B. 旧　　　　　C. 热

10) lose

A. 丢　　　　　B. 去　　　　　C. 丰

3. 熟练掌握对话，并进行角色扮演。Learn the dialogues of the unit by heart, and do the role play.

答案 Answers：

2.

1）B　2）A　3）A　4）C　5）B　6）A　7）C　8）B　9）A　10）A

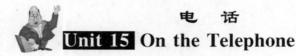

电　话

Unit 15 On the Telephone

1. 打电话用语

必备用语
Key Expressions

Zhāng Xiǎo jūn zài ma
● 张 晓军在吗?
Is Zhang Xiaojun in?

Wǒ zhǎo Zhōu Dà wéi
● 我找 周大维。
May I speak to Zhou Dawei, please?

Wèi　Zhōu Dà wéi zài ma
● 喂,周大维在吗?
Hello, is Zhou Dawei there?

Wèi　qǐng zhǎo Zhōu Dà wéi
● 喂,请 找 周大维
Hello. Zhou Dawei, please.

Duì bu qǐ　wǒ dǎ cuò le
● 对不起,我打错了。
Sorry, I've got the wrong number.

情景对话
Situational Dialogues

1.

(Eric wants to call Zhou Dawei, but dials the wrong number by mistake.)

Yì nǚ zǐ　Wèi
一女子：喂？

A woman：Hello.

Āi lǐ kè　Nǐ hǎo qǐng zhǎo Zhōu Dà wéi
埃里克：你好，请 找 周大维。

Eric：Hello. Zhou Dawei, please.

Yì nǚ zǐ　Zhǎo shuí
一女子：找 谁？

A woman：Who?

Āi lǐ kè　Zhōu Dà wéi
埃里克：周大维。

Eric：Zhou Dawei.

Yì nǚ zǐ　Duì bu qǐ　wǒ men zhè lǐ méi yǒu zhè ge rén
一女子：对不起，我们这里没有这个人。

A woman：I'm sorry. There's no one here by that name.

Āi lǐ kè　Ō　duì bu qǐ　wǒ dǎ cuò le
埃里克：噢，对不起，我打错了。

Eric：Oh，I'm sorry. I've got the wrong number.

(Eric dials the number carefully.)

Āi lǐ kè　Wèi　nǐ hǎo　Wǒ zhǎo Zhōu Dà wéi
埃里克：喂，你好。我找 周大维。

Eric：Hello. May I speak to Zhou Dawei，please?

Nán zǐ　Qǐng shāo děng
男 子：请 稍 等。

Man：Hold on, please.

Zhōu Dà Wéi　Wèi　wǒ shì Zhōu Dà wéi　Qǐng wèn nǐ shì nǎ wèi
周大维：喂，我是周大维。请 问你是哪位?

Zhou Dawei：Hello，this is Zhou Dawei speaking. May I asked who this is?

Āi lǐ kè Nǐ hǎo wǒ shì guǎng gào gōng sī de Āi lǐ kè Zán men
埃里克：你好，我是广告公司的埃里克。咱们

shàng cì jiàn guo miàn
上次见过面。

Eric：Hello，I'm Eric from the ads company. We met last time.

Zhōu Dà Wéi Ō nǐ hǎo Āi lǐ kè
周大维：噢，你好，埃里克。

Zhou Dawei：Oh，hello，Eric.

2.

（Before leaving the office in the afternoon，Wang Hua calls Zhang Xiaojun at his office.）

Wáng Huá Wèi Zhāng Xiǎo jūn ma
王 华：喂，张 晓军吗？

Wang Hua：Hello，is Zhang Xiaojun in？

Nán zǐ Bú shì wǒ shì tā tóng shì
男 子：不是，我是他同事。

Man：No. I'm his co-worker.

Wáng Huá Ō tā zài ma
王 华：噢，他在吗？

Wang Hua：Oh，is he in？

Nán zǐ Zài qǐng děng yí xià
男 子：在，请 等一下。

Man：Yes. A moment，please.

Zhāng Xiǎo jūn Wèi shuí ya
张 晓军：喂，谁呀？

Zhang Xiaojun：Hello，who is it？

Wáng Huá Shì wǒ Wáng Huá
王 华：是我，王 华。

Wang Hua：It's me，Wang Hua.

240

Zhāng Xiǎo jūn　Shén me shì
张 晓军：什么事？

Zhang Xiaojun：What's up?

Wáng　Huá　Wǒ jīn tiān wǎn shang děi jiā bān　kě néng wǎn diǎnr　huí
王 华：我今天晚 上 得加班，可能 晚 点儿回
　　　　　qù　Nǐ dài zhe hái zi xiān chī ba
　　　　去。你带着孩子先吃吧。

Wang Hua：I have to work overtime this evening, and
　　　　　maybe get back late. You have dinner
　　　　　with our baby first.

Zhāng Xiǎo jūn　Nǐ huí lái chī ma
张 晓军：你回来吃吗？

Zhang Xiaojun：Will you come back for dinner?

Wáng　Huá　Huí qù chī　gěi wǒ liú diǎnr　fàn jiù xíng le
王 华：回去吃，给我留点儿饭就行了。

Wang Hua：Yes, just leave some for me.

Zhāng Xiǎo jūn　Méi bié de shì le ma
张 晓军：没别的事了吗？

Zhang Xiaojun：Anything else?

Wáng　Huá　Méi le　zài jiàn
王 华：没了，再见！

Wang Hua：No. Bye.

词　汇
Vocabulary

对话 1

打错了　dǎ cuò le / have the wrong number

上次　shàng cì / last time

见过面　jiàn guo miàn / have met

对话 2

同事　tóngshì / co-worker；colleague

加班　jiābān / work overtime
留　liú / leave

相关用语
Relevant Expressions

Qǐng wèn nǐ yǒu shén me shì
◉ 请问你有什么事？
What can I do for you?

Qǐng wèn nǐ yào nǎr
◉ 请问你要哪儿？
How can I help you?

Qǐng wèn nǐ zhǎo shuí
◉ 请问你找谁？
May I help you?

Mǒu rén　zài ma
◉ （某人）在吗？
Is...in?

语言文化小贴士
Language Tips

打电话礼仪：

Etiquette of making a phone call：

1. 选择适当的时间。公务电话最好避开临近下班的时间，因为这时打电话，对方往往急于下班，很可能得不到满意的答复。公务电话应尽量打到对方单位，若确有必要往对方家里打时，应注意避开吃饭或睡觉时间。

Choosing the right time. You'd better not make a business call around quitting time because the other side might want to leave the office, so you may not get a satisfactory response. You'd better make a business call to an office, instead of a home unless it's absolutely necessary. Try to avoid the nights or meal times.

2. 首先通报自己的姓名、身份。必要时,应询问对方是否方便,在对方方便的情况下再开始交谈。如:我是张三,阳光销售部的。您现在方便吗?

First of all, you should tell your name and identity. If necessary, you should ask the other side whether it's convenient for him or her to talk. If the answer of the other side is positive, then you can start the conversation. For example:I'm Zhang San from the Sun Sales Department. Are you available now?

3. 电话用语应文明、礼貌,电话内容要简明、扼要。

Try to use polite words for phone calls and what you are talking about should be brief and clear.

4. 通话完毕时应道声"再见",然后轻轻放下电话。

Before ending the call, say "goodbye" and then put down the phone lightly.

2. 接听电话用语

必备用语
Key Expressions

◉ Wèi nǐ zhǎo shuí
喂,你找 谁?
Hello, can I help you?

◉ Wèi wǒ shì Lín dá
喂,我是琳达。
Hello, this is Linda speaking.

● Nǐ hǎo zhè lǐ shì hǎo yùn guǎng gào gōng sī
你好，这里是好运 广 告 公 司。
Hello, this is Lucky Ads Company.

● Qǐng shāo děng
请 稍 等。
Hold on, please.

● Děng yí xià
等一下。
Hold on.

● Xiān bié guà
先别挂。
Just hold on.

● Duì bu qǐ tā bú zài
对不起，她不在。
Sorry, she is not in.

● Duì bù qǐ tā zài jiē lìng yí ge diàn huà
对不起，他在接另一个电 话。
Sorry, he is on another line.

● Nǐ néng guò yí huìr zài dǎ ma
你能 过一会儿再打吗?
Can you call back later?

情景对话
Situational Dialogues

1.

(In the evening, Linda makes a phone call to Wang Hua's home. Her daughter runs for it.)

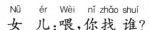

Nǚ ér Wèi nǐ zhǎo shuí
女 儿：喂，你找 谁？

Daughter：Hello，who is this?

Lín dá Wèi wǒ shì Lín dá Nǐ mā ma zài ma
琳 达：喂，我是琳达。你妈妈在吗？

Linda：Hello，I'm Linda. Is your mum at home?

Nǚ ér Duì bu qǐ tā bú zài Děng yí xià Bà ba zhǎo mā ma
女 儿：对不起，她不在。 等一下。爸爸，找 妈妈
de diàn huà
的 电 话。

Daughter：I'm sorry. She is not in. Hold on. Daddy,
it is for mum.

Zhāng Xiǎo jūn Gào su tā xiān bié guà wǒ mǎ shàng jiù lái
张 晓军：告诉她先别挂，我马上就来。

Zhang Xiaojun：Tell her to hold on，and I'll be right
there.

Nǚ ér Ā yí xiān bié guà wǒ bà ba mǎ shàng jiù lái
女 儿：阿姨，先别挂，我爸爸马上就来。

Daughter：Aunty，please hang on. My dad will be here
right away.

Lín dá Xiè xie
琳 达：谢谢。

Linda：Thank you.

Zhāng Xiǎo jūn Wèi wǒ shì Zhāng Xiǎo jūn
张 晓军：喂，我是张 晓军。

Zhang Xiaojun：Hello，This is Zhang Xiaojun.

Lín dá Wǒ shì Lín dá
琳 达：我是琳达。

Linda：This is Linda.

Zhāng Xiǎo jūn Yǒu shén me shì ma Wǒ kě yǐ zhuǎn gào tā
张 晓军：有 什么事吗？ 我可以转 告她。

Zhang Xiaojun：What's up? I can give her the message.

Lín dá：Ràng tā huí lái yǐ hòu gěi wǒ dǎ gè diàn huà Wǒ yǒu diǎnr
琳　达：让她回来以后给我打个电话。我有点儿
shì xiǎng hé tā shāng liang
事想和她商量。

Linda：Tell her to call me when she comes back. I have
something to discuss with her.

Zhāng Xiǎo jūn：Hǎo de yí dìng zhuǎn gào tā
张　晓军：好的，一定转告她。

Zhang Xiaojun：OK. I'll tell her for sure.

Lín dá：Xiè xie zài jiàn
琳　达：谢谢，再见！

Linda：Thank you. Bye.

Zhāng Xiǎo jūn Zài jiàn
张　晓军：再见！

Zhang Xiaojun：Bye.

2.

（At the office.）

Qián tái jiē dài yuán：Nǐ hǎo zhè lǐ shì hǎo yùn guǎng gào gōng sī qǐng
前台接待员：你好，这里是好运广告公司。请
wèn nǐ zhǎo shuí
问，你找谁？

Receptionist：Hello, this is Lucky Ads Company. Can
I help you?

Yí gè kè hù：Nǐ hǎo wǒ zhǎo Zhào jīng lǐ
一个客户：你好，我找赵经理。

A client：Hello. I would like to speak to Manager
Zhao.

Qián tái jiē dài yuán：Duì bu qǐ tā de diàn huà zhàn xiàn tā zhèng zài
前台接待员：对不起，他的电话占线，他正在

jiē lìng yí ge diàn huà Nǐ néng guò yí huìr zài
接另一个电话。你能过一会儿再

dǎ ma
打吗？

Receptionist：Sorry，his line is busy. He's on the
phone. Can you call back in a moment?

Yí gè kè hù Hǎo de xiè xie
一个客户：好的，谢谢！

A client：All right，thanks.

（A few minutes later.）

Qián tái jiē dài yuán Wèi nǐ hǎo zhè lǐ shì hǎo yùn guǎng gào gōng sī
前台接待员：喂，你好，这里是好运 广 告 公司。

Receptionist：Hello，this is Lucky Ads Company.

Yí gè kè hù Wèi qǐng zhǎo Zhào jīng lǐ
一个客户：喂，请 找 赵经理。

A client：Hello, may I speak to Manager Zhao, please?

Qián tái jiē dài yuán Hǎo qǐng shāo děng
前台接待员：好，请 稍 等。

Receptionist：OK. A moment，please.

词　汇
Vocabulary

对话 1

电话　diànhuà / phone

告诉　gàosu / tell

别挂　bié guà / don't hang up；hold on

马上　mǎshàng / right away

转告　zhuǎngào / send the message to

商量　shāngliang / discuss with；consult with

对话 2

好运　hǎoyùn / good luck

占线　zhànxiàn / the line's busy

另一个　lìng yí gè / another

过一会儿　guò yí huìr / in a moment

打（电话）　dǎ(diànhuà)/make a phone call；call

相关用语
Relevant Expressions

Qǐng bié guà jī

◉ 请别挂机。

Don't hang up.

Qǐng shāo hòu

◉ 请 稍候。

Hold on，please.

Děng yí xià

◉ 等一下。

A moment.

Duì bu qǐ　nǐ dǎ cuò le

◉ 对不起，你打错了。

Sorry，you've got the wrong number.

Tā bú zài zuò wèi shang

◉ 她不在座位 上。

She is not in her seat.

语言文化小贴士
Language Tips

接听电话礼仪：

Etiquette of receiving a phone call：

1. 电话铃一响，应尽快去接，最好不要让铃声响过五遍。拿起电话应先自报家门，"您好，这里是……"。回应对方时,一定不能用很生硬的口气说:"他不在"。"打错了"。"没这人"。"不知道。"等语言。电话用语应文明、礼貌,态度应热情、谦和、诚恳,语调应平和、音量要适中。

Pick up the phone as soon as it rings, and don't let it ring more than five times. First of all, say your name when you pick up the phone, for example, "Nǐ hǎo, zhèlǐ shì…"(Hello, this is...) When answering the caller, you mustn't use hard tones such as "Tā bú zài."(He's not in.), "Dǎcuò le."(You've got the wrong number.), "Méi zhège rén."(There is no such person.), "Bù zhīdào."(I don't know.) You should use polite phone language, and your attitude should be enthusiastic, modest, and kind. Your tones should be mild and volume moderate.

2. 接电话时,对对方的谈话可作必要的重复,重要的内容应简明扼要的记录下来,如时间、地点、联系事宜、需解决的问题等。

When receiving phone calls, you can repeat the caller's words, and write down briefly important things, such as time, place, contact affairs, and problems to be solved.

3. 电话交谈完毕时,应尽量让对方结束对话,若确需自己来结束,应解释、致歉。通话完毕后,应等对方放下话筒后,再轻轻地放下电话,以示尊重。

After talking, you should try to make the other side finish, or if necessary end the conversation yourself and apologize. After the call, you should wait for the other side to put down the phone first and then lay down the phone lightly in order to show respect.

3. 留言用语

必备用语
Key Expressions

留言用语

Nǐ néng bāng wǒ shāo ge kǒu xìn ma
● 你能 帮我捎个口信吗?
Can I leave a message?

Qǐng gào su tā wǒ lái guò diàn huà
● 请 告诉他我来过 电话。
Please tell him that I called.

Qǐng ràng tā gěi Liú Hóng huí diàn huà
● 请 让他给刘红回 电话。
Please ask him to call Liu Hong back.

记录留言用语

Nǐ yào bu yào liú xià xìng míng hé diàn huà hào mǎ ne
● 你要不要留下姓 名和电 话号码呢?
Would you like to leave a name and number?

250

◉ Qǐng wèn nǐ de diàn huà hào mǎ shì duō shao
请 问你的电话 号码是多 少？
Can I have your number, please?

◉ Yào wǒ gěi nǐ shāo ge kǒu xìn ma
要我给你捎个口信吗？
Should I take a message?

◉ Wǒ huì jiào tā gěi nǐ huí diàn huà
我会叫他给你回电 话。
I'll have him return your call.

情景对话
Situational Dialogues

1.

(Edward is at a meeting. He asks Chen Chen to help him with the phone.)

Yì nǚ zǐ   Wèi qǐng zhǎo Ài dé huá
一女子：喂，请 找爱德华。

A woman：Hello, may I speak to Edward, please?

Chén   Chén Duì bù qǐ   tā xiàn zài zhèng zài kāi huì
陈　 晨：对不起，他现在 正 在开会。

Chen Chen：I'm sorry. He's in a meeting right now.

Yì nǚ zǐ   Nǐ néng bāng wǒ shāo ge kǒu xìn ma
一女子：你能 帮我捎个口信吗？

A woman：Can I leave a message?

Chén · Chén Kě yǐ
陈　 晨：可以。

Chen Chen：Certainly.

Yì nǚ zǐ   Qǐng gào su tā wǒ lái guò diàn huà
一女子：请 告诉他我来过 电 话。

A woman：Please tell him that I called.

交际口语

Chén Chén　Nǐ yào bu yào liú xià xìng míng hé diàn huà hào mǎ ne
陈　晨：你要不要留下姓 名和电 话号码呢?
Chen Chen：Would you like to leave your name and
　　　　　　number?

Yì nǚ zǐ　Bú yòng le　Qǐng ràng tā gěi Liú Hóng huí diàn huà
一女子：不用了。请 让他给刘红回电 话。
A woman：No. Please ask him to call Liu Hong back.

Chén　Chén　Hǎo de
陈　晨：好的。
Chen Chen：OK.

Yì nǚ zǐ　Xiè xie
一女子：谢谢!
A woman：Thank you.

Chén　Chén　Bú kè qi　Zài jiàn
陈　晨：不客气。再见!
Chen Chen：You're welcome. Bye.

2.

（At the office.）

Wáng xiānsheng　Wèi　má fan nín zhǎo yí xià Zhōu Qiàn qian
王 先生：喂,麻烦您找一下周 茜 茜。
Mr. Wang：Hello, Zhou Qianqian, please.

Guō Dà chuān　Duì bù qǐ　tā xiàn zài bú zài zuò wèi shang
郭大川：对不起,她现在不在座位上 。
Guo Dachuan：Sorry, she is not in her seat at the mo-
　　　　　　　ment.

Wáng xiānsheng　Děng tā huí lái　ràng tā gěi wǒ dǎ diàn huà　hǎo ma
王 先生：等她回来,让她给我打电 话,好吗?
Mr. Wang：When she's back, please tell her to call me
　　　　　　back, would you?

Guō Dà chuān　Méi wèn tí　Qǐng wèn nǐ de diàn huà hào mǎ shì duō shao
郭大川：没问题。请 问你的电 话号码是多 少?
Guo Dachuan：No problem. Can I have your number,

please?

Wáng xiān sheng　Wǒ de zuò jī shì liù bā sān èr qī qī liù liù　shǒu jī shì
王 先 生：我 的 座机 是 6 8 3 2 7 7 6 6，手 机 是

yāo sān jiǔ yāo yāo líng liù qī sān èr jiǔ
1 3 9 1 1 0 6 7 3 2 9 。

Mr. Wang：My phone is 68327766, and my cell phone
is 13911067329.

Guō Dà chuān　Nín guì xìng
郭 大 川：您 贵 姓？

Guo Dachuan：What's your name?

Wáng xiānsheng　Miǎn guì xìng wáng
王 先 生：免 贵 姓 王 。

Mr. Wang：My name is Wang.

Guō Dà chuān　Wáng xiānsheng　děng tā　yì huí lái　wǒ mǎ shàng jiào tā gěi
郭 大 川：王 先 生，等 她 一 回来，我 马 上 叫 她 给

nín huí diàn huà
您 回 电 话。

Guo Dachuan：Mr. Wang, as soon as she is back, I'll
tell her to call you back at once.

Wáng xiānshēng　Hǎo　xiè xie
王 先 生：好，谢 谢。

Mr. Wang：Good. Thank you.

词 汇
Vocabulary

对话1

正在　zhèngzài / in the process of

开会　kāihuì / have a meeting

捎个口信　shāo gè kǒuxìn / take a message

姓名　xìngmíng / name

交际口语

电话号码　diànhuà hàomǎ / telephone number
回电话　huí diànhuà / call back
对话 2
座位　zuòwèi / seat
让　ràng / let
座机　zuòjī / fixed phone；desk phone
手机　shǒujī / cell phone

相关用语
Relevant Expressions

　　　Má fan bāng wǒ zhuǎn gào yí xià
◉ 麻烦帮我转告一下。
　　Would you help me take（send）a message?

　　　Tā jīn tiān hái huí lái ma
◉ 她今天还回来吗?
　　Is she coming back today?

语言文化小贴士
Language Tips

　　在汉语里口信是唯一不用字来传递消息的方式,从字面上就可一目了然,它是通过嘴来传递消息的。与信有关的词有:平信、快信(过去的鸡毛信,在信封上插一根鸡毛,鸡毛越多,表示情况越紧急)通信、电信。

　　"Kǒuxìn" is to pass a message without writing. It's clear from the character that it means passing the message by mouth. Words related to "xìn"(letter) include："píngxìn "(ordinary mail),"kuàixìn "(express mail, in the past people usually put chicken feathers to show how urgent a letter is,

the more feather being put on the letter, the more urgent it is.)," tōngxìn "(communicate),"diànxìn "and(telecom).

小幽默 Humor

电话铃响了,王小二拿起电话对着话筒说:你好,主人不在家,这里是电话录音,当你听到"biu"的一声时,请留言。"biu"(打入者愣住了)"biu""biu"(……)"biu"! 靠! 我都biu了怎么还不留啊!

A telephone rings. Wang Xiao'er picks it up and says,"Hello, the host is not at home. This is a phone recorder. When you hear the 'biu'sound, please leave your message. 'biu'(caller is stupefied.), 'biu', 'biu'...'biu'."Damn, I've said 'biu', how come you haven't left the message!

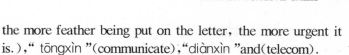

练 习
Exercises

1. 完成对话。Complete the following dialogues.

1) A：请问你找谁?

　　B：＿＿＿＿＿＿。

　　A：对不起,我们这里没有这个人。

　　B：＿＿＿＿＿＿。

2) A：＿＿＿＿＿＿?

　　B：不是,我是他同事。

　　A：＿＿＿＿＿＿?(噢,他在吗)

　　　　B：在,请等一下。

3) A：＿＿＿＿＿＿。

　　B：他不在。有什么事吗?

　　A：＿＿＿＿＿＿。

　　B：好的,一定转告他。

交际口语

2. 请用下列词完成句子。Complete the following sentences with the words given below.

回电话　　电话号码　　口信　别挂　　占线

1）请让他给我_____。

2）你能帮我捎个_____吗？

3）现在他的电话_____，你过一会儿再打。

4）你的_____是多少？

5）你先_____，我去叫他。

3. 看看你能说出几个带"电话"的词语或句子。Say a phrase or sentence with "电话" in it.

1）_____电话

2）_____电话

3）_____电话

4）_____电话

5）_____电话

6）_____电话

7）电话_____

8）电话_____

9）电话_____

10）电话_____

答案 Answers：

1.

1）我找……，对不起，我打错了　2）喂，……吗，噢，他在吗　3）请找……，让他回来以后给我打个电话。

2.

1）回电话　2）口信　3）占线　4）电话号码　5）别挂

3.

1）打　2）接　3）回　4）挂　5）来过　6）长途

7）号码　8）占线　9）机　10）线

责任编辑：贾寅淮　任　蕾
英文编辑：韩　晖　韩芙芸　翟淑蓉
封面设计：唐少文
插　　图：宋琪
印刷监制：佟汉冬

图书在版编目(CIP)数据

交际口语/李淑娟主编.—北京:华语教学出版社,2006
(脱口说汉语)
ISBN 7-80200-226-5

Ⅰ.交... Ⅱ.李... Ⅲ.汉语—口语—对外汉语教学—
教材　Ⅳ.H195.4

中国版本图书馆 CIP 数据核字(2006)第 112608 号

脱口说汉语
交际口语
主编　李淑娟
英文改稿　Eric Abrahamsen

*

ⓒ华语教学出版社
华语教学出版社出版
(中国北京百万庄路 24 号)
邮政编码 100037
电话:(86)10-68995871
传真:(86)10-68326333
电子信箱:fxb@sinolingua.com.cn
北京外文印刷厂印刷
中国国际图书贸易总公司海外发行
(中国北京车公庄西路 35 号)
北京邮政信箱第 399 号　邮政编码 100044
新华书店国内发行
2006 年(32 开)第一版
(汉英)
ISBN 7-80200-226-5(外)
9-CE-3768P
定价:35.00 元